北京话上声调研究

基于语音声学信号和EGG信号的考察

刘志敬 著

本成果受北京高校高精尖学科项目（中国语言文学）支持
北京语言大学出版基金资助

北京大学出版社
PEKING UNIVERSITY PRESS

图书在版编目（CIP）数据

北京话上声调研究：基于语音声学信号和 EGG 信号的考察 / 刘志敬著 .—北京：北京大学出版社，2020.9
　　ISBN 978-7-301-31525-5

　　Ⅰ.①北… Ⅱ.①刘… Ⅲ.①北京话–声调–研究 Ⅳ.①H172.1

中国版本图书馆 CIP 数据核字 (2020) 第 149700 号

书　　　名	北京话上声调研究：基于语音声学信号和 EGG 信号的考察 BEIJINGHUA SHANGSHENGDIAO YANJIU：JIYU YUYIN SHENGXUE XINHAO HE EGG XINHAO DE KAOCHA
著作责任者	刘志敬　著
责任编辑	宋立文
标准书号	ISBN 978-7-301-31525-5
出版发行	北京大学出版社
地　　　址	北京市海淀区成府路 205 号　100871
网　　　址	http://www.pup.cn　　新浪微博：@ 北京大学出版社
电子信箱	zpup@pup.cn
电　　　话	邮购部 010-62752015　发行部 010-62750672　编辑部 010-62753374
印　刷　者	三河市北燕印装有限公司
经　销　者	新华书店
	650 毫米 ×980 毫米　16 开本　11.25 印张　169 千字 2020 年 9 月第 1 版　2020 年 9 月第 1 次印刷
定　　　价	35.00 元

未经许可，不得以任何方式复制或抄袭本书之部分或全部内容。
版权所有，侵权必究
举报电话：010-62752024　电子信箱：fd@pup.pku.edu.cn
图书如有印装质量问题，请与出版部联系，电话：010-62756370

中央高校基本科研业务费专项资金（15YBB30）

序

张维佳

北京话语音是汉语普通话语音的基础方音，学术界往往因关注普通话语音而遮蔽了对北京话语音的研究，以致对后者的研究还不够充分，呈现出一种"灯下黑"的局面。不仅如此，近数十年来随着现代化、城市化的快速发展，北京人口的布局发生了很大变化，正在打破老北京人、新北京人、外来人口之间的空间界限，北京话音系也受到了普通话语音的强烈冲击，正在发生激烈的演化。这就决定了对变化中的北京话语音进行研究是当下学界刻不容缓要做的工作。

上声变化可谓是北京话音系中变化最激荡的部分。历史文献和域外文献中对汉语上声有各种描写：唐《元和韵谱》"上声者厉而举"，唐净严《三密钞》"上谓上升，厉而举之声"，明释真空《玉钥匙歌诀》"上声高呼猛烈强"，明王骥德《曲律·论平仄》"上声促而未舒"，日本《大正新修大藏经》内有沙门安然《悉昙藏·定异音》"上则直昂，有轻无重"，日本释明觉《悉昙要诀》"初低终昂之音可为上声之重"，朝鲜崔世珍《四声通解》"先低而中按后厉而且缓"。可见，"厉举""直昂"是汉语古上声的特征。那在今天的北京话中有什么特点呢？现在通行的现代汉语教材和普通话测试标准中，一般采用低降升的调值，即214。但近年来一些专家不认同这个观点，认为是低降低的211或低低的11；在第十一届演化语言学国际研讨会上，石锋教授通过实验的方法详细论证了上声调的低特征，也提出了最好用11来描写上声调。关于北京话上声调认识上的分歧以及声学表现与听感模式之间的差异，或许跟北京话自身演变有关。要解开这个谜，我们有必要采用社会语言学的方法并通过实验的手段来展开深入研究。

刘志敬博士《北京话上声调研究：基于语音声学信号和EGG信号的考察》就是运用社会语言学和实验语音学的方法来探索检讨正在变化中的北京话上声调性质、特征的一部专著。与以往北京话声调研究不同，这部专著是完全基于语音实验和统计分析的微观研究，从两个视角——声学生理实验和社会分层来展开研究，将北京不同言语社团上声基频信号的声学模式和嗓音信号的发音形式结合在一起观察，不仅分析了不同社团上声调值的起点、拐点、终点音高及拐点的位置等基频模式，而且还观察了各言语社团发声时低调伴随音——嘎裂声的出现情况及其社会分布和结构分布，嗓音信号的基频、开商和速度商三个物理参数之间的关系，并在此基础上归纳出上声的发声模式。

根据语音发声理论和社会语言学的基本原理，声调属于发声的研究范畴，不仅要研究声带振动的快慢而导致的基频模式的不同，也要研究声带振动方式不同而导致的发声模式的不同；正在进行中的音变是可以观察到的，其研究视角就是对发音人的"真时"跟踪和对不同言语社团的"视时"观察。这部专著正是据此而展开的，其对学界认识北京话上声的性质特征具有两大贡献。

首先是用电子声门仪（EGG）观察北京话不同言语社团的嗓音发声模式，发现男性女性在开商、速度商等嗓音特征上的差异。此项研究不仅关注学界以往聚焦的北京话上声基频模式，而且也用对嗓音发声的微观实验和分析数据弥补了前者所呈现不出的上声特征。在基频模式上，此项研究主要考察了上声起点、拐点、终点音高和拐点位置这四个观察点；在发声角度上，采用EGG信号所测数据，主要观察了北京话上声中带有的嘎裂声这种低调伴随发声态的分布规律，以及嗓音信号的基频、开商和速度商三个物理参数之间的关系。在此基础上总结上声调的发声模式，发现：北京话上声调男性女性速度商数据曲线走势与基频曲线走势表现出很大的差异，男性的速度商与基频呈正比，女性呈反比；开商走势与基频曲线走势男性女性也有很大差别，男性的开商大多与基频呈反比，女性正好相反。为何会出现这种发声特征与声学呈现上的差异？此项研究做了深入的解释。

其次是通过对社会分层的实验观察，研究正在变化中的北京话上声调的特征。社会语言学的研究表明，交际中的语言并不像一些语言学家为了便于研究而假想的那样是一种"同质"系统，人们所能观察到的是语言已经完成变化的结构，语言正在进行的变化过程，人们根本无法看到。语言事实并非如此，语言变化无时无刻不在进行。当我们将不同言语社团的人的发音放在一起进行比较的时候就立刻会发现，他们的差异实际上反映了语言整个变化的过程。这表明，正在进行当中的语言变化是能够观察到的，而观察的窗口就是社会分层研究。根据这个原理，本专著将年龄、性别、家庭语言背景等看作是北京话上声基频模式差异的主要的社会影响因素，采集了32位北京话发音人的语音数据，按照上声单字调基频模式、不同古来源上声单字调基频模式、上声单字调嗓音特征、基于EGG信号的北京话上声调嗓音模式等思路，分别做了14个社会分层实验分析。研究发现：

（1）上声的起点、拐点、终点音高和拐点位置在不同人群中存在显著差异，它们一起构成了区别不同言语社团的重要指标。前人对终点重要性的看法存在很大分歧，有人认为可有可无。

（2）关于上声调的拐点，此项研究表明：从基频模式分析得到的结果和从嗓音参数得到的结果是相互印证的。上声的本质特点"低"

的实现方式在不同人群间是不同的,有的人群主要通过基频(F0)的"低"来显现,有的则通过发声特点来显现。具体来说,以40~49岁人群为界,这个年龄段以下的人,多通过嘎裂声来体现拐点的"低",而这一年龄段以上的人,更多通过基频的"低"来实现。同时,当出现嘎裂声时,开商比较低,速度商比较高。本专著从社会因素及嗓音参数探究了这一模式出现的原因。

(3)单字调的上声古来源对当代北京话上声调的影响比较微弱,主要显现在拐点位置上:来源于次清声母的上声组拐点位置明显比其他各组拐点位置靠前。

(4)北京话上声的发声模式在不同来源的上声组中的表现是一致的,其差异主要体现在不同的性别中。可能正因为北京话上声调在不同言语社团中表现出的差异,使得学术界对上声调的调值一直没有形成共识。如果把社会分层条件看作上声调变化的自变量,那么言语社团的上声调差异肯定反映了北京话上声调正在进行的变化过程。因此,运用社会语言学变异理论并通过语音实验的科学手段研究北京话上声调,可以真实地再现上声调变化的过程,同时消除学术界对上声调性质、特征的分歧。

这部专著虽是以"小切口"的方式呈现并分析北京话上声调的微观变化,但在研究过程中刘志敬博士所花费的精力和工作量是十分巨大的。首先遇到的问题就是确定研究思路。过去有关北京话上声调的实验研究学界已经做了很多,而且成果斐然,但是问题没有得到最终的解决。症结出在哪儿了呢?这需要作者梳理以往研究的视角从而确定自己解决问题的思路。这个梳理思路的过程是繁复的,同时也是痛苦的。作者翻阅了大量的理论书籍、实验案例及以往研究的材料,也常去北京大学聆听孔江平教授的实验语音学课程,将形成的思路立起来,随后又推倒,再立起来再推倒,反反复复很多次,最后选择了声学实验和社会分层研究两个观察视角来分析声调的微观差异和变化。数据的处理对研究者来说也是一个挑战。数据来自研究者对不同年龄、不同性别和不同家庭语言背景的32位发音人的田野采集,通过14个维度对这些材料进行实验统计分析,其工作量之大是可以想见的。其实,刘志敬博士的这部专著集中写作时间只有一个多月,但大量的时间都用在对材料的采集和处理分析上。可见在这些艰苦而又烦琐的调查统计过程中,作者的研究能力也随之提高。

当然,北京话上声调的微观差异及其所反映的音变过程,不只通过声学基频模式和嗓音发声模式可以观察到,还应该从不同言语社团的范畴感知角度去深入探讨上声调变化的性质特征。这一方面作者还有很长的研究道路要走。

声调是汉语方言语音演变最为激烈的内容之一,其合并与分化都跟调值变化息息相关。因此对声调微观差异和变化的社会分层与语音实验研究是我们揭开一个个方言声调分合演化过程的重要途径。这方面,刘志敬博士已经有了一个科学认真的探索,沿此再深入下去,定会揭示出北京话声调更多的奥秘,也会给汉语其他方言声调的观察提供一个视角。

是为序。

2020年4月

目 录

第一章 绪论 …………………………………… 1
1.1 关于上声 ………………………………… 1
1.2 选题缘起 ………………………………… 3
1.3 选题意义 ………………………………… 6
1.4 以往的上声实验研究 …………………… 9
    1.4.1 基频模式研究 ……………………… 10
    1.4.2 发声研究 …………………………… 15

第二章 理论基础与实验方法 ………………… 18
2.1 理论基础 ………………………………… 18
    2.1.1 嗓音发声理论 ……………………… 18
    2.1.2 发声态理论 ………………………… 20
    2.1.3 嗓音发声模式理论 ………………… 25
2.2 以往研究中所存在的问题及本书切入点 … 26
2.3 主要研究方法 …………………………… 27
2.4 实验方法和过程 ………………………… 28
    2.4.1 实验方法 …………………………… 28
    2.4.2 语料 ………………………………… 30
    2.4.3 发音人 ……………………………… 31

2.4.4　调查方法 …………………………………………… 32
　　2.4.5　实验过程 …………………………………………… 32

第三章　北京话上声单字调基频模式的社会分层实验研究 …34
3.1　实验一：年龄视角的北京人上声调基频模式研究 ……… 35
　　3.1.1　实验目的 …………………………………………… 35
　　3.1.2　实验设计 …………………………………………… 35
　　3.1.3　被试 ………………………………………………… 35
　　3.1.4　实验材料 …………………………………………… 36
　　3.1.5　实验程序 …………………………………………… 36
　　3.1.6　实验结果 …………………………………………… 37
3.2　实验二：性别视角的北京人上声调基频模式研究 ……… 39
　　3.2.1　实验目的 …………………………………………… 39
　　3.2.2　实验设计 …………………………………………… 39
　　3.2.3　被试 ………………………………………………… 40
　　3.2.4　实验材料 …………………………………………… 40
　　3.2.5　实验程序 …………………………………………… 40
　　3.2.6　实验结果 …………………………………………… 40
3.3　实验三：家庭语言背景视角的北京人上声调基频模式研究　41
　　3.3.1　实验目的 …………………………………………… 41
　　3.3.2　实验设计 …………………………………………… 41
　　3.3.3　被试 ………………………………………………… 41
　　3.3.4　实验材料 …………………………………………… 42
　　3.3.5　实验程序 …………………………………………… 42
　　3.3.6　实验结果 …………………………………………… 42

目 录

- 3.4 实验四：性别与年龄视角的北京人上声调基频模式研究 ··· 43
  - 3.4.1 实验目的 ·· 43
  - 3.4.2 实验设计 ·· 43
  - 3.4.3 被试 ··· 44
  - 3.4.4 实验材料 ·· 44
  - 3.4.5 实验程序 ·· 44
  - 3.4.6 实验结果 ·· 44
- 3.5 实验五：家庭语言背景与年龄视角的北京人上声调基频
  模式研究 ·· 49
  - 3.5.1 实验目的 ·· 49
  - 3.5.2 实验设计 ·· 49
  - 3.5.3 被试 ··· 49
  - 3.5.4 实验材料 ·· 49
  - 3.5.5 实验程序 ·· 49
  - 3.5.6 实验结果 ·· 49
- 3.6 实验六：家庭语言背景与性别视角的北京人上声调基频
  模式研究 ·· 53
  - 3.6.1 实验目的 ·· 53
  - 3.6.2 实验设计 ·· 53
  - 3.6.3 被试 ··· 54
  - 3.6.4 实验材料 ·· 54
  - 3.6.5 实验程序 ·· 54
  - 3.6.6 实验结果 ·· 54
- 3.7 结论与讨论 ··· 57

第四章 北京话不同古来源上声单字调基频模式的社会分层实验研究 …… 63

4.1 实验一：基于年龄与家庭语言背景的不同古来源的上声调基频模式研究 …… 64
  4.1.1 实验目的 …… 64
  4.1.2 实验设计 …… 64
  4.1.3 被试 …… 64
  4.1.4 实验材料 …… 65
  4.1.5 实验程序 …… 65
  4.1.6 实验结果 …… 66

4.2 实验二：基于性别与家庭语言背景的不同古来源的上声调基频模式研究 …… 71
  4.2.1 实验目的 …… 71
  4.2.2 实验设计 …… 71
  4.2.3 被试 …… 72
  4.2.4 实验材料 …… 72
  4.2.5 实验程序 …… 72
  4.2.6 实验结果 …… 72

4.3 结论与讨论 …… 76
4.4 关于北京话上声调基频模式的综合讨论 …… 77

第五章 北京话上声单字调嗓音状况的社会分层实验研究 …… 84

5.1 实验一：年龄对北京人上声调中嘎裂声的影响 …… 86
  5.1.1 实验目的 …… 86
  5.1.2 实验设计 …… 86
  5.1.3 被试 …… 86

5.1.4　实验材料 …………………………………………… 86
　　　5.1.5　实验程序 …………………………………………… 87
　　　5.1.6　实验结果 …………………………………………… 89
5.2　实验二：性别对北京话上声调中嘎裂声的影响 …………… 91
　　　5.2.1　实验目的 …………………………………………… 91
　　　5.2.2　实验设计 …………………………………………… 92
　　　5.2.3　被试 …………………………………………………… 92
　　　5.2.4　实验材料 …………………………………………… 92
　　　5.2.5　实验程序 …………………………………………… 92
　　　5.2.6　实验结果 …………………………………………… 92
5.3　实验三：家庭语言背景对北京话上声调中嘎裂声的影响 … 93
　　　5.3.1　实验目的 …………………………………………… 93
　　　5.3.2　实验设计 …………………………………………… 93
　　　5.3.3　被试 …………………………………………………… 94
　　　5.3.4　实验材料 …………………………………………… 94
　　　5.3.5　实验程序 …………………………………………… 94
　　　5.3.6　实验结果 …………………………………………… 94
5.4　实验四：年龄和性别对北京话上声调中嘎裂声的影响 …… 95
　　　5.4.1　实验目的 …………………………………………… 95
　　　5.4.2　实验设计 …………………………………………… 96
　　　5.4.3　被试 …………………………………………………… 96
　　　5.4.4　实验材料 …………………………………………… 96
　　　5.4.5　实验程序 …………………………………………… 96
　　　5.4.6　实验结果 …………………………………………… 96
5.5　实验五：年龄对北京话不同古来源上声调中嘎裂声的影响 98
　　　5.5.1　实验目的 …………………………………………… 98

  5.5.2 实验设计 ·· 99
  5.5.3 被试 ·· 99
  5.5.4 实验材料 ·· 99
  5.5.5 实验程序 ·· 99
  5.5.6 实验结果 ·· 99
 5.6 结论 ··· 103
 5.7 讨论 ··· 104

第六章 基于EGG信号的北京话上声调嗓音模式研究 ··· 110
 6.1 实验方案 ·· 112
  6.1.1 EGG信号及其相关参数概念 ······················ 112
  6.1.2 发音人 ·· 114
  6.1.3 语料 ·· 114
  6.1.4 实验过程 ·· 115
 6.2 北京话上声调发声模式 ································ 118
  6.2.1 北京话上声调男性发声基本特征 ··············· 118
  6.2.2 北京话上声调女性发声基本特征 ··············· 122
  6.2.3 北京话上声调发声模式 ···························· 126
  6.2.4 嗓音参数的性质 ···································· 127
 6.3 结论 ··· 129
 6.4 讨论 ··· 130

第七章 结论 ·· 133
 7.1 本研究的主要发现 ····································· 133
 7.2 有待进一步完善的地方 ································ 136

附录1：发音表 ……………………………………… 138
附录2：实验发音人 ………………………………… 139
附录3：嘎裂声示例 ………………………………… 142

参考文献 …………………………………………… 146
后记 ………………………………………………… 154

图目录

图1 语音产生的声源-滤波器理论 ······················ 19
图2 嘎裂声的声门状态 ······························· 22
图3 气泡音平均参数示意图 ··························· 24
图4 标注说明 ······································· 33
图5 不同年龄上声曲线图 ····························· 58
图6 男女上声曲线图 ································· 59
图7 新老北京人上声曲线图 ··························· 60
图8 标注sample（同图4） ···························· 88
图9 不同年龄段上声图 ······························ 106
图10 不同年龄段拐点音高图 ·························· 107
图11 不同年龄段CN_R、CD_R均值图 ···················· 107
图12 人生幸福感U形曲线 ····························· 108
图13 图14 电子声门仪结构示意图 ····················· 112
图15 正常嗓音声带振动波形图 ························ 113
图16 一女性发音人发的"假"的EGG信号图 ··············· 116
图17 一女性发音人发的"假"的EGG信号放大图 ··········· 116
图18 归一化结果 ···································· 117
图19 一位发音人所发的"笔" ·························· 117
图20 男性上声调全清曲线图 ·························· 119

图 21	男性上声调次清曲线图	…………………………	119
图 22	男性上声调全浊曲线图	…………………………	120
图 23	男性上声调次浊曲线图	…………………………	121
图 24	男性上声调清入曲线图	…………………………	121
图 25	女性上声调全清曲线图	…………………………	123
图 26	女性上声调次清曲线图	…………………………	123
图 27	女性上声调全浊曲线图	…………………………	124
图 28	女性上声调次浊曲线图	…………………………	125
图 29	女性上声调清入曲线图	…………………………	125
图 30	基频性质	…………………………………………	127
图 31	速度商性质	………………………………………	128
图 32	开商性质	…………………………………………	128
图 33	基频、开商和速度商均值	………………………	129

表目录

表 1　不同年龄段发音人考察点位置上的均值 ………………… 37
表 2　不同性别的发音人考察点位置上的均值 ………………… 40
表 3　不同家庭语言背景的发音人考察点位置上的均值 ………… 42
表 4　不同性别与年龄的发音人各考察点位置上的均值 ………… 44
表 5　性别差异在年龄因素中的表现 …………………………… 47
表 6　年龄差异在性别因素中的表现 …………………………… 47
表 7　不同家庭语言背景与年龄的发音人各考察点位置上的均值 … 50
表 8　年龄差异在家庭语言背景因素中的表现 ………………… 52
表 9　家庭语言背景差异在年龄因素中的表现 ………………… 52
表 10　不同家庭语言背景与性别的发音人各考察点位置上的均值 … 54
表 11　性别差异在家庭语言背景因素中的表现 ………………… 56
表 12　家庭语言背景差异在性别因素中的表现 ………………… 57
表 13　不同组别的发音人在起点音高上的均值 ………………… 67
表 14　不同组别的发音人在拐点音高上的均值 ………………… 68
表 15　不同组别的发音人在终点音高上的均值 ………………… 68
表 16　不同组别的发音人在拐点位置上的均值 ………………… 69
表 17　不同组别的发音人在起点音高上的均值 ………………… 72
表 18　不同组别的发音人在拐点音高上的均值 ………………… 73
表 19　不同组别的发音人在终点音高上的均值 ………………… 74

表目录

表 20　不同组别的发音人在拐点位置上的均值 …………………… 74
表 21　不同年龄段发音人在起点音高、拐点音高、终点音高上
　　　　的标准差 ………………………………………………… 78
表 22　不同年龄段标准差极值表现 ………………………………… 79
表 23　各考察点有无显著性差异表 ………………………………… 81
表 24　不同年龄段发音人在CN_R上的字数、均值及标准差 …… 89
表 25　不同年龄段发音人在CS_R上的字数、均值及标准差 …… 90
表 26　不同年龄段发音人在CD_R上的字数、均值及标准差 …… 90
表 27　不同性别发音人各参数的平均数和标准差 ………………… 93
表 28　不同家庭语言背景发音人各参数的平均数和标准差 ……… 95
表 29　不同年龄和不同性别的发音人在CN_R上的平均数和标准差 … 97
表 30　不同年龄和不同性别的发音人在CS_R上的平均数和标准差 … 97
表 31　不同年龄和不同性别的发音人在CD_R上的平均数和标准差 … 98
表 32　不同年龄段的发音人在五种类型的上声调上嘎裂音的分
　　　　布情况（CN_R）……………………………………………… 100
表 33　年龄段和字类CS_R的均值 ………………………………… 100
表 34　年龄段和字类CD_R的均值 ………………………………… 101
表 35　每个字被读成嘎裂音的个数 ………………………………… 102
表 36　发音人信息 …………………………………………………… 114
表 37　男性发音人F0、SQ、OQ值 ………………………………… 118
表 38　女性发音人F0、SQ、OQ值 ………………………………… 122
表 39　北京话上声调发声数据表 …………………………………… 126

第一章 绪 论

1.1 关于上声

上声是汉语四声调类中的一种,它与平、去、入三个调类的差异是通过音高的高低、升降区别开来的。关于上声的发声性质,文献中已有所描写。汉语历史文献中,有唐朝《元和韵谱》:"平声者哀而安,**上声者厉而举**,去声者清而远,入声者直而促",唐朝净严《三密钞》解云:"平谓不偏,哀而安之声。**上谓上升,厉而举之声**。去谓去逝,清而远之声。入谓收入,直而促之声",明朝释真空《玉钥匙歌诀》:"平声平道莫低昂,**上声高呼猛烈强**,去声分明哀远道,入声短促急收藏",明朝王骥德《曲律·论平仄》:"盖平声尚含蓄,**上声促而未舒**,去声往而不返,入声则逼侧而调不得自转";域外文献中,日本《大正新修大藏经》内有沙门安然《悉昙藏》一书,其中卷五"定异音"条中对中古通语基础方言之一的长安方音声调有这样的描写:"我日本国元传二音:表①则平声直低,有轻有重;**上则直昂,有轻无重**;去声稍引,无轻无重;入声径止,无内无外",日本释明觉《悉昙要诀》:"初低终昂之音可为上声之重",朝鲜崔世珍《四声通解·翻译老乞大朴通事凡例》中描写上声道:**"先低而中按后厉而且缓"**。其中对上声的描写,多用"厉""猛烈""促""直"等似入声的字眼。据此并结合现代汉语及方言声调的特点,现代语言学家对上声及其来源做过深入讨论。罗常培(1933)发现:唐五代西北方音藏文对音中反映了上声独特的发音特点,上声字的韵母跟别的调不同,有些字用双元音来描写,如《千字文》注音"举"ku'u,"酒"dzu'u,"纺"p'o'o,"象"syo'o。根据跟古代汉语有一定渊源关系的方言上声的发音特征,郑张尚芳(2003)将上声发声分为突促式(如温州的急高升短)和顿折式(如黄岩、海南的略降—喉紧缩—急升)两类,北京话属于后者。赵元任(1980)认为:北京话上声念曲折调,到了最低的时候,嗓子有点儿比较紧的状态,听得出嗓子有点儿卡那种作用。马学良等(1956)认为,北京话上声的元音是带喉头作用的紧元音。关于以北京音为标准音的普通话上声调值,一般有降升(214)(黄伯荣、廖序东,1981)、低降低(211)(刘川平,1996;曹文,2010)、低低(11)(金立鑫、白水振,2011)等不同观点。

　　上声因其音高变化及其调型格局而成为汉语声调的一个重要类别。作为调类,上声在演变过程中又与去声、入声等调类都或多或少地发生一定关系。北方话中古全浊声母的大多上声字读入去声之中,而古入声清声母字又有少量读入上声中,北京话就是这样的。南方方言与北方方言迥异,有的将古浊声母上声字读入浊声母去声(阳去)

---

① "表"是指将汉音传入日本的表信公。

中，如扬州话、长沙话、双峰话、南昌话、厦门话等；有的读入去声（去声不分阴阳）中，如梅县话；有的古上声分为阴上（清声母上声）和阳上（浊声母上声），如广州话、潮州话。可见，作为调类，上声在汉语方言中的发展并不平衡，其变化多以声母清浊（嗓音）为条件。

由此可见，发声上，汉语上声多顿折；调类上，声母清浊是上声与其他声调分合的重要条件。

1.2　选题缘起

在汉语研究中，北京话以其作为汉语普通话基础方言的特殊地位一直受到学界广泛关注，在语音、词汇、语法、语用等各方面都有很多深入的研究，达成了不少共识。当然，也有一些问题还存在一些争论点，其中就包括北京话上声。学界对北京话上声的讨论有不同视角，传统用得最多的是根据听感，采用赵元任先生创制的描写相对音高的五度制标调法，将上声定为214（降升）调（黄伯荣、廖序东，1981）、211（低降低）调（刘川平，1996；曹文，2010）、11（低低）调（金立鑫、白水振，2011）；有的根据实验数据，将声调稳定段和动态段的离散分布作为观察点，将上声描写为稳定段（调头和调干）+动态段（调尾）（石锋、王萍，2006a）；有的注重从发声和声学两个角度来观察，并结合特定音系内部的共时音系及历时音韵，认为北京话中存在着"低凹""低平""低降""嘎凹"共时交替的情况（朱晓农、章婷、衣莉，2012）。从这些分歧可见，有关北京话上声调的研究还是可以进一步深化的。

另一个方面，近数十年随着现代化进程的不断推进，北京城市生活发生了急剧的变化，由于不同言语背景的人之间的频繁交际，老北京话、新北京话、普通话直接地接触、融合的趋势越来越突出，北京话一直处在悄然的变化发展之中，上声的发声和调值变化就是其中一个典型案例。有学者指出："许多语言调查表明，老北京人中文化程度高和年轻是推动语音微观演变的两种主力属性。"（沈炯，1998）北京语音也在发生着变化，只是这种正在进行的细微变化不易察觉（石锋、王萍，2006b）。汉语母语者普通话不同的上声发音本身有很明显的变异（Cao & Sarmah，2007）。因此，在中观维度[①]下，不同言语社团在上声发声上有何特点？社会因素对上声的声学特征产生什么样的影响？这种影响是否显著？这些就成为学界要关注的问题。

由于实验和测量技术的进步，学界对声调及其研究的认识也不断深化，渐渐意识到声调不但跟声带振动的快慢即基频有关，而且与发声时声带的伴随状态相关（朱晓农、杨建芬，2010）。孔江平（2001）指出声调应该从调音和发声两个方面进行研究，通过共鸣调制产生的不同音色是调音音质，而通过不同调声发声产生的是发声音质。近年来，很多研究者发现，在北京话上声中出现了一种特别的发声态，或者称之为挤喉嗓音（creaky voice）（孔江平，2001），或者称之为气泡音（vocal fry）（Kong，2007），或者称之为嘎裂声（creaky voice）[②]（朱晓农，2009；朱晓农、杨建芬，2010）。从声学测量上来说，嘎裂声要在频率低到四五十甚至二三十赫兹才会出现（朱晓农，2004b）。而根据Howie（1976）的测量，北京话上声的拐点即最低点约90Hz，虽然比降调的终点稍低（约105Hz），但仍不应该出现嘎裂声。当代北京话上声调由原来光滑的214调，到出现带有嘎

---

① 中观维度指的是处于宏观和微观之间，即我们可见的日常生活世界的角度。

② creaky voice，是一种发声类型，有人叫气泡声、吱嘎声等，关于它的发音特点和机制，下文会对前人研究做详细说明，此处不再赘述。本书采用朱晓农（2009）、彼得·赖福吉（2011，张维佳译）的说法，称为嘎裂声。

裂声这种超低调的伴随状态，是个别现象，还是有一定的规律？它是否能成为上声的区别性特征？这些都应该引起今后上声研究的重视。因此，今后对北京话声调系统中最受人瞩目的上声调的研究，除了对其音高、音长及音强等感知物理特性做分析以外，还要从发声的角度观察其嗓音信号特征并由此判断上声发声的特点和性质。

本书拟从上声的基频模式和发声两个角度进行研究，考察上声各特征点在不同条件下的表现，以期更加细致地描写上声；从声源的角度考察上声，一是北京话上声中带有的低音的发声态的分布规律，一是几个发声的物理参数之间的关系，并在此基础上总结上声调的发声模式。

另外，在普通话教学和普通话测试中，如何定义上声调？确定上声调的标准是什么？这直接关系到对受试者普通话水平的科学判定。以往一些经典教材对于上声调值的描写不尽相同。在高校通用教材中，上声调一般描写为214。黄伯荣、廖序东（1981）《现代汉语》对普通话上声的描写如下：上声（第三声）由半低音降到低音再升到半高音，即由2度降到1度再升到4度，是先降后升的调子，调值214。因此，上声调又叫降升调或214调。其他高校现代汉语教材如邢福义、颜逸明（1991）《现代汉语》，胡裕树、许宝华（1981）《现代汉语》，北京大学中国语言文学系现代汉语教研室（1993）《现代汉语》，对上声的描写也持相同看法。国家语委普通话培训测试中心等（2004）《普通话水平测试实施纲要》采用"五度标记法"来标记声调，上声记为214，并将214调值定为上声的标准调值。普通话水平测试"语音评定参照细则框架"中判定声调为"语音缺陷"的参考细则关于上声的描写为："上声为曲折调，但开头略高，相当于31-或41-开头，例如：412、312等"（宋欣桥，2000）。对外汉语教学方面，金立鑫、白水振（2011）在教授留学生学习汉语时也发现，汉语的上声调值按照211或11教授更容易习得；曹文（2002）也主张把上声记为211。教学和测试中这些对普通话上声调值描写不一致的情况，体现了研究者们对上声的性质还未形成共识，今后的研究中需要对其进一步明确。

本书要考察的是当代北京话的上声调，有必要从时间和空间两个维度加以限定。从时间看是指显象时间（apparent time）内的北京话，即我们可见的跨年龄层的北京人所说的话，当代北京话的年龄和性别分层差异是本研究关注的两个重要视角；从空间上看，北京官话则是从我国东北地区（包括内蒙古自治区的东部）经过河北省东北部的围场、承德一带直到北京市城区这样一个东北宽阔、西南狭窄的区域。而北京话指的是北京城区话，它跟北京官话是两个完全不同的概念。北京话以北京市城区为中心，东至通县（今通州），西至昌平，南至丰台，北至怀柔，其涵盖的范围为北京市总面积的三分之一左右。（林焘，1987）

本书在前人研究基础上通过对不同年龄、不同性别与不同家庭语言背景的北京人的大量田野调查，采用现代声学测量技术和语音实验手段，既研究因声带振动快慢而导致的上声基频模式的不同，也研究因声带振动方式不同而导致的发声模式的不同，同时对上声调型结构及其构成成分的别义功能进行分析，从而提出关于北京话上声性质的新见解，以期为普通话语音教学和学习提供一些参考。

1.3　选题意义

这项研究有着十分重要的理论意义和应用价值，主要表现为：

第一，首次尝试从言语声学信号和嗓音信号两方面探讨当代北京话上声的声学性质。

第一章 绪 论

孔江平（2001）指出声调发声取决于声带振动的频率和声带振动的方式，前者表现为基频模式，是指肌肉对声带振动快慢的调节，在声学上对应于基频（F0）的高低和基频曲线的变化；后者表现为发声模式，是指肌肉对声带振动方式的调节，在声学上通常采用开商（Open Quotient, OQ）和速度商（Speed Quotient, SQ）来反映。以往关于北京话上声调的研究多关注声音信号的基频模式研究，近年来随着测量工具等的进步，有人开始关注其嗓音特征的描写，但这方面的研究还比较少，而且鲜有人结合言语声学信号的嗓音信号全面揭示上声的性质和特征。本研究有两个视角：上声的基频模式和发声模式，这种切入会对学界进一步认识上声的性质有一定帮助。在研究中，我们从这两个角度入手，通过实验测量和统计，观察北京话上声的声学和生理表现，发现：上声本质特点"低"的实现方式，有的人群主要通过基频（F0）的低来显现，有的则通过发声特点来显现；在发声模式上，青年和女性的拐点基频数据离散度很大，但嗓音参数显示开商很低，速度商很高，而且容易出现低调的伴随发音——嘎裂声。结果表明，嗓音和基频在上声发声时是起相互补偿作用的。本研究将两种视角相结合，对研究声调语言或方言的声调性质和发声模式有一定的理论价值和意义。

第二，尝试将声学实验的手段与言语社团分层测量相结合，并从上声结构内部探讨声调的变异，为变化中的音变研究提供可供参考的个案。

在社会语言学领域，用社会学的调查统计方法研究语言的变异跟社会因素间的内在关联性一直是大家所关注的。关于北京话上声的研究，人们多关注从共时状态的声调本身来寻找其变化的规律，较少从社会语言学角度观察声调的变化。近年来，石锋、王萍（2006b）借鉴社会语言学的方法，从不同性别、年龄和家庭语言背景等角度探索北京话声调的变化，得到了对声调研究有指导意义的理论，并被广泛应用于汉语声调的研究中。但此研究也没有关注上声历时变化对其共时状态下的影响。上声作为一种调类，它的历时变化往往取决于声母的清浊，北京话来自古全浊声母的上声大部分与去声合流，来自清声母、次浊声母、少量全浊声母的上声及少量清声母入声的上声自成一类，起辨义作用的特征主要在拐点位置上。

本研究受石锋、王萍（2006b）的启发，从动态角度观察上声基频及嗓音在不同言语社团中的变化。在研究中，我们按照年龄、性别和家庭语言背景等分类，并从上声调的内部古来源考虑设定了几个实验组，结果发现：上声基频变化在起点、拐点、终点音高和拐点位置上带有言语社会分层的显著性差异，起点和终点对于上声调来说不是可有可无的，它们和拐点一起构成了不同人群上声的内在差异；北京话源于次清声母的上声拐点位置比其他各组拐点位置明显靠前；年轻人、女性和新北京人更容易发出嘎裂声；女性和男性的嗓音差别不仅表现在速度商上，开商也是区分男女嗓音的重要指标。这种分层测量研究的方法是社会语言学观察正在变化中的音变的重要途径，本研究所要凸显的是将声学实验的手段用于观察正在变化中的上声变异方面，对学界认识上声发声的社会变体有一定意义。

第三，拓展了低调发声态——嘎裂声的研究。

嘎裂声是一种低调的伴随状态，历来在南方方言中讨论比较多，研究主要集中讨论了它的发生机制、声学特征、表现形式及语言学功用，而北京话上声中经常出现的嘎裂声因其没有辨义作用，历来没有人专门讨论。本研究通过对32个母语为北京话的发音人所发的1184个北京话常用上声字的标注和分析，发现：年龄、性别和家庭语言背景因素均与嘎裂声的分布有着显著的相关性；随着年龄增长，嘎裂声的出现呈现一种下降趋势；女性比男性更容易出现嘎裂声的特征；年轻人的嘎裂声明显多于老年人；同时也发现，每个发音人出现嘎裂声的字并不完全相同。虽然嘎裂声这个发声态在北京话里面没有音位意义，只是个人特征、伴随特征，而非普遍性特征，但它已经打上了不同言语社团的烙印，它在上声中的表现不仅可以作为基频模式的嗓音补偿，而且可以为语音识别、声纹鉴定等技术提供借鉴。

第四，以期为语音学习和教学、语音测试等提供理论依据。

本书对上声发声的研究，希望能为解决语音学习和语音教学中如何掌握上声的发声标准问题提供一些启发。本研究提出的关于不同人群的上声起点、拐点、终点音高及拐点位置等的一些观点及嗓音特征，可以为语音学习和教学、语音测试等提供参考。

另外，由上声研究拓展开去，在其他声调的变化中，嗓音特征是否也随之发生相应的变化？要研究这个问题还得回到对嗓音与声调关系的实验分析上。再以此拓展到言语工程和医学嗓音的研究方面，分析嗓音与基频的高低变化特性之间的关系，对于建立声学模型和嗓音病理模型及治疗都是非常重要的。这也是本研究孜孜以求、拨难探微的一个重要原因。

1.4　以往的上声实验研究

关于汉语声调，历史文献多有记载。南朝齐梁时代的沈约等首次揭示了汉语的声调系统由平上去入组成，提出了"四声说"。但什么是声调，其特点是什么，该如何来描写，该如何分析，一直是一个难题。唐《元和韵谱》、净严《三密钞》、明释真空《玉钥匙歌诀》、王骥德《曲律·论平仄》、日本释安然《悉昙藏》"定异音"、释明觉《悉昙要诀》，朝鲜崔世珍《四声通解·翻译老乞大朴通事凡例》等文献中虽有描写，但多语焉不详，很难把握。近代由于科技进步，学界有条件将分析发音生理的医学器械以及能测量、分析声音的物理仪器应用到语音的研究上，对声调的科学认识才开始起步。汉语声调的实验研究始于刘复先生，他的《四声实验录》是中国第一部实验语音学专著。书中使用浪纹计测量了北京话4个声调的基频参数，画出了基频曲线的形状及频率范围，得出声调的实质是声音频率的高低的结论。（刘复，1951）从此，对声调的研究从口耳听辨转而重点放在用实验的方法研究基频模式上。近年来，现代言语声学和医学理论证明，语音的产生主要分成两个部分：一部分是共鸣，另一部分是声源。（孔江平，2001）要想揭示声调的本质，必须要关注声调的发声研究。北京话上声调也经历了从单纯重视基频模式的研究到同时关注上声调的发声特点这样的过程。

上声是四个声调中最受人瞩目的一个声调。它既是四声中唯一具有稳定低音特征的声调，也是单字调里唯一的一个曲折调（凌锋、王理嘉，2003）。或许因为这个特点，从20世纪早期开始到现在，对北京话四个声调的实验研究中，结果分歧最大的就是上声。

1.4.1 基频模式研究

刘复先生在《四声实验录》中使用浪纹计测量了字音基频F0，并研究了其变化规律，得出声调的实质是声音频率的高低的结论（刘复，1951）。林茂灿（1988）用实验证明：普通话声调的最本质成分是基频音高F0。对应于上声，人们多由从言语声学信号提取基频，研究其高低及其调型变化来着手。声学研究上多关注上声的调值和调型，知觉研究上多从起点音高、拐点音高、拐点前后位置、终点音高等特征点出发考察对感知的影响。

1.4.1.1 基于言语声学信号的基频模式研究

上声经常被描述为"曲折调"。赵元任首创了五度制声调符号，第一次用类似音乐音阶的方式形象地描绘出了上声是一个降升调（赵元任，1922；白涤洲，1934）；还有人认为它是升调（Bradley，1915；刘复，1951）；后来赵元任先生又提出"半上"的概念，并认为上声在多数情况下是21或11，低降或低平（赵元任，1932、1933）。王力先生进一步提出："北京话的上声基本上是个低平调，调头的降、调尾的升，都是次要的""'半上'实际上是个低平调"。（王力，1979）此后，关于上声的调型和特点一直就存在争论。

1. 上声曲折调说 凌锋、王理嘉（2003）通过重新探讨"半上"和"上上变调"问题，指出上声的深层形式是个低的曲折调（214），无论是在哪种变调情况下，这个深层形式始终在发挥作用；杨洪荣（2008）分析了方明、于芳两位播音员单音节词语朗读材料，指出上声最常见的调型是曲折调，方明的调值为213、214、223、224、313、324，均值为214，于芳的大多数调值为214，有四分之一的读为314、313；曹文（2010）指出从语音材料及一些发音-声学实验的研究结果来看，很难观察到又低又平的上声，低平调22、11的感知具有一定的语境依赖性，北京话的上声基本上是个低平调，这种说法至少从语音学的角度来说是不对的，至于所谓半上，充其量只能说可以是个低平调；韦丽平（2012）从一男一女两位北京人发的/i3/、/i1/变成平升调、降升调、降平调、降平升调等不同的调型来观察，结果发现平升调、降升调和降平升调与T3拟合度较高，听辨率高于其他三个调型，并且出现了听辨率为100%的声音样本，而这三种调型中，合成降平升调的T3听辨率显著高于其他两种调型，说明从调型上来看，"理想的上声"须是一个"凹"调，必须有"降头"和"升尾"，而并非如王力先生所说"调头的降、调尾的升，都是次要的"，且低端须持续一定时长。

2. 上声低平调说 金立鑫、白水振（2011）提出了要"彻底改变传统上声教学的方法，改而采用低调作为上声的基本调位"的观点，认为上声在实际语流中典型的特征是一个低调，而曲折调是上声的一个条件变体。他们从音高的对立关系入手提出：阴平（高平调）与上声（低平调）对立，即高低对立；阳平（由下往上的升调）与去声（由上往下的降调）对立，即升降对立。并说，从以上可见，王力先生的说法"已成为海外汉语教学实践中较为流行的一种观点"，被广大的对外汉语教学界所认可。

总而言之，支持上声是曲折调的人认为上声除了具有低这个特点外，降头和升尾也是必需的。支持上声是低平调的人认为对于上声来说最重要的是拐点位置的低平，弯头的降和调尾的升都不重要。这两种观点的争论还一直在持续。

石锋、王萍（2006a、2006b）在前人研究的基础上，跳出调型的局限，以52个发音人的大样本数据对北京话声调进行了全面的描写和统计，得出了很多我们可以借鉴的结论：

1. 区分了上声调的稳定段和动态段。石锋、王萍（2006a）运用语音实验的方法，采集不同发音人全部单字调的测量数据，计算出上声调的平均值，并用T值公式对其进行归一化分析，发现上声调是主要位于调域下半部分的曲折调。它的特点可用"低"和"凹"来概括。在声调格局中，上声所占的不是一条线，而是一条带状的声学空间，其特点主要是"低"和"凹"，对应的五度值：上限314，中线313，下限212。上声的声学空间范围起点跨度较大，拐点跨度稍小，终点跨度最大。拐点处的数据分布向下集中，分布范围受到制约，多在调域底部，这表明"低"是上声最重要的特征。终点的数据离散性较大，大跨度分布表明它的高低对于声调的区分作用不大。石锋、王萍（2006a）认为上声的折点部分是上声中的稳定段，更多地承载着声调的调位信息，与其他调位相区分时发挥主要作用，因而其稳定程度高，变化的可能性小；认为上声的起点终点并非上声中的稳定段，离散程度较大，承载的调位信息少，与其他调位相区分时发挥相对次要的作用。

2. 石锋、王萍（2006b）参照社会语言学的理论和方法，在北京话的单字音声调统计分析结果的基础上，分别按照发音人的不同性别、家庭语言环境和不同年龄，对语音样本分别进行了分组分析。每个曲线选取10个点。结果表明：男、女性的上声都是"低凹"的曲折调，起点和终点都是女性的基频值高，但拐点女性在下方，基频值低于男性，差异检验表明，只有前三个点表现显著，说明拐点和终点男女性差别不显著；新老北京人的上声也表现出"低凹"的特点，整体上新北京人基频高于老北京人，但各点的差异都不显著；新老北京人分别按照年龄分组统计，发现新北京人各年龄段四个调类在0.05水平上的总体差异程度均不显著，老北京人各年龄段只有上声调的第1个点在0.05的水平上总体差异显著。研究表明，北京语音也在发生着变化，只是这种正在进行的细微变化不易察觉。

1.4.1.2 基于知觉的基频模式研究

知觉研究中有人关注起点音高和拐点音高间的关系。Shen & Lin（1991）考察了汉语母语者对上声的感知，设计了两个不同的连续体。这两个连续体的起点（onset）音高与拐点（turning point）音高之间有差距：第一个连续体的起点音高与拐点音高相差30Hz，第二个连续体的起点音高与拐点音高相差15Hz，第一个连续体的辨认函数的边界比第二个连续体要早，研究者认为这可能是因为起点与拐点之间的音高差造成的。Liu（2004）在实验中使用了起点音高位置和拐点音高位置两个自变量，通过实验指出，对母语者来说当拐点时间较靠前时，起点音高需要更高才能倾向于辨认为上声；与起点音高相比，拐点前后位置对上声的感知来说更重要，具体来说：当拐点位于20%处时，上声的感知更倾向于依靠起点音高，而当拐点位于60%位置以后时，上声的感知对起点音高的依赖更少。有的学者关注拐点音高及拐点前后位置。沈晓楠（1990）认为，阳平和上声的区别在于降升转拐点发生的时间，也就是拐点的位置，阳平和上声的区别边界大概位于全部时长40%的地方，也就是说对于一个降升调来说，其拐点位于调长40%时，就比较容易被感知为阳平，而当其拐点位于调长40%后，就比较容易被感知为上声。Shen & Lin（1991）认为，上声的拐点平均时长在48%处左右。其实验研究发现，拐点位置在整个声调时长的60%到70%之后，刺激音被感知为上声。Cao & Sarmah（2007）认为拐点的前后位置会影响上声的正确感知。在言语刺激作为原始刺激材料的情况下，拐点位置位于整个上声的42.5%到72.5%之间。王韫佳、李美京（2010）发现拐点位置对阴平辨认率的作用不显著，对阳平和上声的作用显著，而且往往跟上声的起点音高和终点音高有关系。有的学者关注上声终点及其高度：凌锋、王理嘉（2003）认为上声"214"的4是很少出现的，一般也就是"212"；王韫佳、李美京（2010）认为上声的终点音高在自然语言中并不稳定，升尾甚至是可有可无的；王韫佳、覃夕航（2012）使用终点音高不同的三个降升调连续统分别进行辨认和感知实验，自变量为降升调音高曲线的音高拐点位置，指出：当拐点比较靠后，即下降部分时长够长的情况下，高终点使得上声的辨认率提高。

综上所述，学者们对于上声的争论点在于，起点、拐点、终点音高和拐点位置四个考察点对于上声来说哪些可以忽略，哪些是重要的，而且多围绕单个考察点来进行讨论。

北京语音是普通话的标准音，在日常交际中使用，与社会的发展息息相关，它是鲜活的，不是一成不变的，跟其他汉语方言一样处于发展变化之中。不管它的变化是否显著，我们都不能忽视它。从基频模式研究看，无论是声学的还是知觉的研究，研究者大都从音高和调型两方面入手。调型方面主要从拐点的前后位置等方面来考察；音高方面学者们大部分认为"低"是其重要的特征，重点从起点音高、拐点音高和终点音高以及它们间的关系来考察。学者们的研究表明这三个点所负载的调位信息不同：拐点是由离散度较小的测量点构成的稳定段，更多地承载着调位信息，而起点和终点作为非稳定段负载的调位信息少，但它们一起构成了上声的不可缺少的考察点。本书拟从北京人的社会身份背景以及上声的古来源等角度来考察当代北京话上声的基频模式，即起点、拐点、终点及拐点位置等方面的变化。

1.4.2 发声研究

北京话上声调嗓音信号的研究主要集中在两个方面：一是上声"低"的发音特征在发声态上的显现——嘎裂声的研究；一是上声调发声模式的研究。

1.4.2.1 上声调的低调伴随发声态——嘎裂声研究

上声的特质不仅仅表现在基频变化上，其"低"的发音会在发声上有所印记。孔江平（2001）指出，从发声类型的角度看，汉语普通话的上声在声调最低处常常出现气泡音。他认为这种发音特征在声音波形上主要表现为周期的不规则，并利用声门阻抗信号，提取出基频、开商和速度商等嗓音信号，同时通过与正常嗓音的对比，给出了气泡音的参数值。

Keating & Esposito（2006）通过对若干汉语普通话语料进行声学分析，提出汉语普通话四声中伴随低调（包括上声的低调部分和去声的末尾部分）往往会伴随嘎裂声特征的出现。而且在母语者的声调产生和感知上，除了基频的变化以外，发声类型的变化也起到重要的作用。关于发声类型对母语者声调的产生和感知上的作用，文章提出假设认为，除了那些非正常嗓音的作用以外，正常嗓音范围内的各种嗓音参数的变化也能够影响声调的产生和感知。

朱晓农、杨建芬（2010）指出，嘎裂声在北方话的低调中很常见，"基本上每个方言的低调中都能部分或零星地见到嘎裂声，就像北京话的上声"。"我们曾在多处提到北京话中常常可以听到嘎裂声，只是还没有达到每个人每次都要发的地步"。朱晓农、章婷、衣莉（2012）指出，上声的凹调不仅是一个音高现象，很多人在发北京话时也常常带嘎裂声。另外，北京话中"低凹、低平、低降、嘎凹"共时交替的情况很普遍，北京话上声和天津话阴平等都属于同一个声调类型"纯低调"，语音表现形式为低平、低降、低凹、低升、嘎裂低凹、嘎裂低降或者驰声低降等等，这些共性不在同一个语言中形成对立。

李晟熹、李爱军（2008）通过实验语音学的方法，对韩国人汉语声调中上声的偏误进行声学分析的听辨试验，结果发现，creaky voice是普通话上声感知的一个重要辅助发音特征，也可以作为声调习得的一个参考。

对于北京话上声，从基频模式上说，学界一致认为"低"是其主要特征，至于调型则有不同的意见。而从嗓音特点来说，是在发音时有嘎裂声的发声态出现，这是目前观察上声发声的一个新的视角。

1.4.2.2 上声调发声模式研究

关于汉语声调的嗓音发声表现，孔江平（2001）认为，从生理角度来看，音调的变化取决于声带振动的快慢，由此可见，声调研究应该属于嗓音发声的研究范畴。不同嗓音发声类型能够作为汉语声调的另一种超音段特征。研究中通过对比两对景颇语同声韵调音节，发现其基频没有本质的差异，差异来源于发声模式的不同。他将这种声带不同的振动方式定义为调质的不同。将调质分解成调时和调声两个部分。调时指的是肌肉对声带振动快慢的调节，调声指的是肌肉对声带振动方式的调节。前者对应于嗓音发声类型的时域特征，后者对应于嗓音发声类型的频率域特征。

关于北京话的发声模式，孔江平（2001）对持续元音（即用稳定的发声状态发一个持续一定时长的元音）的发声模式做了描述：持续元音的平滑音调的基频模式和开商呈正比关系，即基频越大开商越大；而基频模式和速度商则呈反比关系，即基频越大速度商越小。这个模型可以看成是嗓音的基本模式。而北京话的单音调声调模式表现为：基频和速度商之间是反比关系，当基频提高时，速度商的数值减小，基频降低，速度商数值增大；基频和开商间的关系比较复杂，第一调和第二调开商都是升，第三调开商先降后升，第四调的开商更为复杂，表现为升降升。这表明汉语声调的嗓音特征与持续元音的嗓音特征不同。

以往研究对嗓音在上声发声中的作用所谈不多，缺乏一定规模的案例调查和实验分析。另外，上声嗓音发声的参数会因人群的不同而表现出一定差异，所以研究中必须注意从不同言语社团中采集语料，并做社会分层的实验分析。这一方面以往研究做得较少。

第二章 理论基础与实验方法

根据现代言语声学研究和医学理论发展的新进展，人们逐渐认识到，声调不仅仅是一个语言学概念，即心理上的对应物被定义为音高的变化，也是声学上基频变化的对应物（有时也涉及对时长和振幅的考虑），同时还应该涉及嗓音特征等其他对应物。因此，对声调的实验研究必须考虑到心理、声学和发声几个角度。目前，关于北京话上声的研究在知觉感知的相对音高、声学呈现的基频提取等方面都有很多成熟的理论方法，值得本研究借鉴，在此不再赘述。这里只对研究中新采用的现代语音学有关声调发声态的理论和方法做一简单介绍。

2.1 理论基础

2.1.1 嗓音发声理论

以往的声调研究重在基频高低和基频曲线组成的模式，并取得了很多可资借鉴的成果。但也有专家指出，今后对汉语声调的研究还有待深入，主要体现在现代语音合成技术通过加入超音段特征提高了语音合成的自然度，但对于母语者和汉语学习者来说，这种合成音更像是机器音，这些都表明除了一些声学参数和时长等参数外，声调中应该还有别的东西我们没有揭示出来，所以现有参数不足以提高合成音的自然度。

语音的产生理论——声源-滤波器理论认为，语音的产生分为两个部分：声源和滤波器。又分为三个阶段：声源（source）、声道滤波（共鸣）（vocal tract filter）和辐射特性（radiation characteristic）（Fant，1960）。其中，声源主要指的是声带振动产生的声门信号，从声门产生的信号经过口腔和鼻腔等共鸣器的调节再通过唇辐射射出声波，成为我们听到的语音信号。同时该理论认为：声带振动和声道滤波两者的作用是可逆的，人们既可以从声学信号来计算声道的共鸣特性和声源特性，也可以从声道共鸣特性和声源特性来推导声音的声学特性。这提示我们语音的声学特征和生理存在着一定的对应关系。

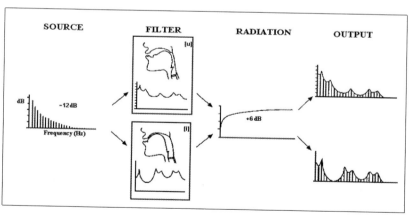

图1 语音产生的声源-滤波器理论

图1是语音产生的声源-滤波器理论示意图[①]。图中显示由声带振动产生的声门信号，经过声门上部调音部位的共鸣和唇辐射射出声波，成为我们听到的语音信号。孔江平（2001）指出，语音产生的生理机制分为嗓音发声（phonation）和调音（articulation）两个部分，并从这两个方面对声调进行了发声类型分析，将声调分解成调时和调声。调时指肌肉对声带振动快慢的调节，对应的是基频的高低和由基频曲线组成的模式；调声指肌肉对声带振动方式的调制，通常采用开商和速度商来描写，认为从言语产生的声学理论上讲，基频模式、速度商模式和开商模式一起构成了汉语的嗓音发声模式。所以研究结果可以用开商和速度商来描写。从言语工程来说，嗓音的发声模式更能反映汉语声调的性质。

本书以此为理论基础，尝试用声门阻抗信号（EGG，Electroglottographic）提取上声调嗓音三个物理参数——基频、开商和速度商，并探讨三个参数间的关系，构建北京话上声发声模式，力图揭示当代北京话上声调嗓音信号的物理特性，为推动言语工程上语言嗓音的合成、识别及其在通信编码中的应用做些基础工作。

2.1.2 发声态理论

声调与发声态有一定关系，发声带振动的浊声母音节时音高较低，反之发声带不振动的清声母音节时音高较高。所以，在汉语很多方言里，声调有阴阳之分，阳调一般音高低于阴调。对发声态的直觉，在中国古代等韵学家那里已经形成，他们以"清、次清、浊、次浊"的概念，对应像"见、溪、群、疑"之类的声母。但对发声态做系统的研究始于二十世纪六七十年代的美国。最早给发声态分类的

---

① 转引自尹基德（2010）。

是 Catford（1964），其观点进一步反映在《语音学中的基本问题》（Catford，1977）中。他根据喉门收缩程度和收缩部位这两个参数分出了 breath、whisper、voice、creak 和 glottal stop 五种单一的发声态，以及 breathy voice、whispery voice、whispery creak 和 creaky voice 四种组合发声态（Catford，1977）。Laver（1980）区分了六种单一发声态：modal ice、falsetto、whisper、creak、harshness 和 breathiness。之后，Ladefoged & Maddieson（1996）开始从语音学角度研究发声态的类型，提出八种发声态：aspirated、voiceless、breathy voice or murmur、slack voice、modal voice、stiff voice、creaky voice 和 glottal closure。即："从声带振动时的喉门开闭大小定义了五种发声态：气声、弛声、常态浊音、僵声、嘎裂声；声带不振动时三种：清声（不送气）、送气、喉闭态（喉塞音）"。孔江平（2001）采用EGG信号，讨论基频、开商和速度商的关系，研究结果表明，音调的高低与嗓音的发声类型有密切的内在联系，并在此基础上，提出了"高音调嗓音（high tone voice）、正常发声（modal voice）、气嗓音（breathy voice）、挤喉音（creaky voice）、气泡音（vocal fry）"五种常见的类型模式。朱晓农（2015）研究发现了14种发声态：假声、前喉塞/内爆音、喉塞尾/喷音、张声嘎裂、送气、弱送气、不送气、喉堵态、嘎裂声、弱僵声、常态带声、带弛、（清）弛声、弱弛。这些新发现、新认识，为我们理解汉语声调的形成和发展提供了新的视角。

嘎裂声作为发声态的一种，其生理和声学特征是最近二三十年来随着实验语音学的发展才逐步被揭示出来的。它是一种"发声"，而不是"调音"。带嘎裂声的音可称为"嘎裂音"。嘎裂声以前有多种叫法,赵元任先生称作"中喉塞",国外则有"突突声""颤裂声""油炸声"或是"紧喉/喉化"这样笼统的叫法。(朱晓农、杨建芬,2010;麦耘,2011)。

学者们主要从以下几方面对于嘎裂声进行了研究:

1. 嘎裂声的描写

关于嘎裂声的性质,Ladefoged(2006)曾描写到:"发嘎裂声时,声门又是另一种状态,勺状软骨紧闭,因此声带只能在喉的最前端才振动",没有像发更高的音高时那样把声带拉长,它是一个音高很低的音,也叫喉化音(laryngealized)。

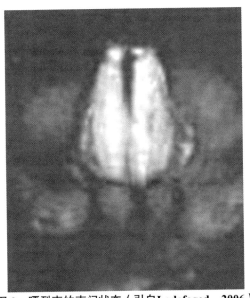

图2 嘎裂声的声门状态(引自Ladefoged,2006)

朱晓农(2009)从发声机制、声学特征和听感上做了详细的说明。发声机制上,发声时是朝中间收紧声带来关住大部分声门,声带只有前部一小段振动,且振动极不规则;声学上表现为频率极低,用机器很难测出基频;听感上,嘎裂声部分听上去像是中间向下折断。

麦耘（2011）说喉头紧张而音高很低或较低是嘎裂声的特点。孔江平（2001）认为这种发音特征在声音波形上主要表现为周期的不规则，并通过三个持续元音[a][i][u]发现，其平均音调为66.45Hz，速度商为361.65%，开商为65.86%。

2. 嘎裂声的表现形式

朱晓农（2009）认为嘎裂声一般体现在元音上，个别情况下整个音节都会嘎裂化，此时的声母辅音也会嘎裂化。麦耘（2009）说嘎裂声有不同的表现，包括不同挤缩程度、在音节中的不同位置、挤缩过后的不同反弹程度等，由此嘎裂声能造成多种不同的音高和调型，从而为声调的演化（包括嘎裂声消失后）提供多种可能。

3. 嘎裂声的语言学功用

在汉语中，嘎裂声在有的方言里起区别意义的作用，例如广西的藤县岭景话的阴、阳去仅仅以嘎裂声作为区别特征与阴、阳平对立（麦耘，2009），广西贺州的八都话中有两个是高降调，它们的区别是一个带有嘎裂声。在北京话里，嘎裂声只能算是低调的伴随特征（朱晓农，2009）。

4. 嘎裂声的研究方法

孔江平（2001）认为汉语的嗓音发声模式，可以用开商和速度商来描写。关于嗓音特征，杨若晓（2009）认为在声学上对应于嗓音发声类型的频率域特征，目前的研究结果显示可以采用开商和速度商来定义和描写。孔江平（2001）通过一男生发的[a][i][u]三个韵母开商、速度商和基频的描写，探讨了气泡音的嗓音特性。下图是气泡音实验样本嗓音参数的平均数据图。

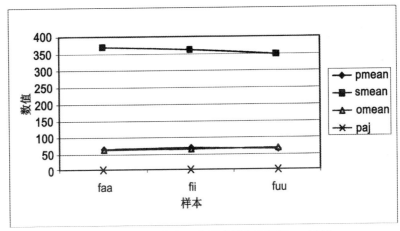

图3　气泡音平均参数示意图（引自孔江平，2001）

从数据上可以看出，[i]的F0最大，[u]的F0最小，其差别只有4Hz，这个值对音调来说不是很大。在这一发声类型上，元音[a]的速度商最大，为374.13；[u]的速度商最小，为349；[i]的速度商为361。元音[u]的开商最大，为68。

5. 嘎裂声在汉语中的分布

嘎裂声在汉语中也并不是很罕见的现象。浙江的台州话、粤北的韶关土话、广西的藤县岭景话、广西贺州八都话、湖南泸溪浦市话、江苏的连云港话等汉语方言都存在着嘎裂声，而且有专文对其研究过。朱晓农、杨建芬（2010）指出，嘎裂声普遍存在于官话之中，具体讲从山西、北京、河北、河南、山东到江苏、安徽的北方官话方言普遍存在嘎裂声。这些官话的嘎裂声多出现在降调后部或凹调中间，而且"大部分情况下，它只是低调的伴随特征，但有时也会成为区别特征，如河北省的元氏、井隆话，江苏铜山话，安徽寿县话等"。

以往关于嘎裂声的研究重在揭示嘎裂声的辨义作用，及其对音高和调型的影响。北京话上声调的研究多认为基频音高F0是最本质成分，也是它的充要征兆（林茂灿，1988）。所以近年来，嘎裂声作为北京话上声调的伴随发声态（在青年和女性中最常见）虽然逐渐被人们揭示出来，但因其没有辨义作用，多是顺带提到，没有引起足够的重视。经济原则是人们在使用和发展语言中遵循的一大原则，汉语作为声调语言，如果声调的基频模式能够起到充要的辨别意义的作用，人们就不会再经常使用其他参数，所以交际中，一种语言现象，如果不是为了辨义的目的被大量使用，那就应该有特殊的含义在里面。如果这种伴随性成为一个人群常用的表达一种特定含义的手段，那么我们就不能简单地说它是声调的伴随特征而忽略过去，而应该去揭示它及它所负载的特殊含义。本书尝试从社会身份角度来考察当代北京话上声里这种发声态的分布规律。

2.1.3 嗓音发声模式理论

孔江平利用声门阻抗信号（EGG）提取嗓音参数，试图用声调对应的声学参数——基频和嗓音的物理参数——开商和速度商之间的关系探讨声调和嗓音类型之间的关系。研究结果表明，音调的高低和嗓音发声类型之间有着密切的内在联系。关于北京话的发声模式，孔江平（2001）对持续元音（即用稳定的发声状态发一个持续一定时长的元音）的发声模式做了描述：持续元音的平滑音调的基频模式和开商呈反比关系，即随着基频的提高，开商逐渐降低；基频模式和速度商也呈反比关系，即基频越大速度商越小。而北京话的单音调声调模式表现为：基频和速度商之间是一个反比关系，当F0提高时，SQ的数值减小，F0降低，SQ数值增大；基频和开商间的关系比较复杂，第一调和第二调开商都是升，第三调开商先降后升，第四调的开商更为复杂，表现为升降升。这表明汉语声调的嗓音特征与持续元音的嗓音特征不同。

根据古今声调演化规律，当代北京话上声字的来源主要有：古全清上、次清上、全浊上、次浊上和清入五类字。本书尝试从历史来源角度观察当代上声调的发声模式，以期从更细微的角度观察上声的发声特点。

2.2 以往研究中所存在的问题及本书切入点

由于北京的特殊地位，20世纪以来学界对北京话的研究颇多，成果非常丰富，语音研究方面的成果涵盖范围也非常广泛，涉及元音、辅音、声调、语调及整个音系。从赵元任先生起，人们开始用实验语音学的方法来研究北京话语音，但限于当时的条件，测量工具简陋，其研究成果有待验证。近年来，石锋、朱晓农、孔江平等先生陆续用新的研究手段对北京话声调进行研究，取得了丰硕成果。但由于观察视角和测量手段的差异，研究结论还有一定分歧。本书拟在前人理论方法以及研究基础上，从以下几方面入手：

1. 以往研究多关注上声调的基频模式，没人通过完整的基频和发声两部分声学描写揭示当代北京话上声调的特征。对于声调语言的声调而言，其产生的生理基础是声带的抖动。声带的抖动不仅包括抖动快慢，在声学上主要表现为基频（F0）高低；还包括声带抖动的方式，主要表现为发声类型（phonation type）或者说嗓音特征（voice quality）的差异，通常使用开商和速度商来表示。因而，理论上讲，对语言声调的完整声学描写应该包括基频和发声两个部分。前人关于上声研究重在研究基频的高低，虽然取得了丰富的成果，但是仅仅关注基频高低还不足以说明上声的全部特点。所以本书尝试从上声的基频模式和发声两个角度进行研究，具体来说，基频模式上主要考察上声起点、拐点、终点音高和拐点位置这四个观察点；发声角度上，主要考察北京话上声中带有的嘎裂声这种低调伴随发声态的分布规律，以及嗓音信号的基频、开商和速度商三个物理参数之间的关系,并在此基础上总结上声调的发声模式。

2. 社会语言学的研究表明,发音人的语言特点会因社会身份的不同而表现出差异,语音也是如此。那么上声的上述考察点是否会随着发音人社会身份的不同而变化呢?这也是我们要考察的主要问题。

3. 声调的共时变化和历时变化是紧密联系在一起的,共时分析联系着语言的过去和未来(石锋、廖荣蓉,1994)。声母清浊是上声与其他声调分合的重要条件。上声作为一种调类,它的历时变化往往取决于声母的清浊。北京话上声来源于古全清上、次清上、全浊上、次浊上和清入五类字。我们将从社会语言学角度分析这五类不同古来源上声字在共时状态下的变化,以期从更细微的角度探索上声分化过程在共时状态下的轨迹。

2.3 主要研究方法

1. 实验法。本研究采用实验语音学的方法,来考察北京话上声的实质及特点。我们会用到负载段的理论和基频归一理论。

2. 统计学分析法。本研究通过语音实验得到了1000多个语音样本,使用语音分析软件Praat和Matlab程序的标注、提取等功能,获得了大量的声学数据。在此基础上,我们对其进行归一,并把归一化后的数据用统计软件进行统计分析。统计学分析方法的使用,将使本书的结论更加科学。使用的统计分析软件为SPSS 17.0和EXCEL 2007。

3. 声门阻抗信号的运用。本研究在言语信号的处理上主要采用"声门阻抗信号",从中提取了"开商""速度商"和"基频"三个参数,对它们进行描写并探讨它们之间的关系,然后在此基础上构建了北京话上声调发声模式。

4. 社会语言学的方法。社会语言学把语言看成一个多元的结构系统，这个系统内部有变异，而各种变异又分别构成系统。社会语言学的研究表明，发音人的语言特点会因社会身份的不同而表现出差异，语音也是如此。本研究借鉴社会语言学的研究方法，考察不同性别，不同年龄，不同家庭语言背景的发音人上声发音的特点，以期探究影响上声调变化的社会因素。

2.4 实验方法和过程

本研究的实验部分主要集中在第三章到第六章，这几章的实验所用的实验材料和实验程序基本相同，所以我们在下文实验方法的介绍中详细介绍了实验所用材料和实验程序，并对实验被试做了总体说明。在第三章和第六章的具体实验中将主要介绍实验设计和所选取的被试样本，对实验材料和实验程序不再重复介绍。

2.4.1 实验方法

一、声调负载段的确定

声调负载段的问题贯穿声调实验研究的始终，它涉及声学研究和知觉研究两个方面。学术界对这一问题的认识经历了多次更新，最初的观点是声带振动部分的浊音段都是声调的负载段（赵元任，1979），这种观点认为浊塞音、浊塞擦音、浊擦音、鼻音、边音等作为首辅音或韵尾时都应该算作声调的一部分。20世纪60年代，林茂灿（1995）试制了音高显示器。他通过对普通话的声学实验指出，并不是基频曲线上所有的数据都与声调有关，浊辅音作为声母时体现出的带音现象是辅音自身固有的发音特征，并不具有调位意义。他把普通话字音音高曲线分成弯头段、调型段和调尾段三个部分，并认为调型段音高模式起着区别普通话四声的作用。这为以后的声调实验中对基频曲线的切分提供了理论依据。林茂灿（1995、1996）通过对普通话单字调和双字调进行声学分析和知觉实验后指出，声调信息主要由音节主要元音及其过渡所携带，浊辅音声母、介音、鼻音韵尾和元音韵尾跟声调无关。石锋、王萍（2006a）认为"声调的范围不是音节中全部的带音部分，而是限于元音和它后面带音的部分，也即，声调作用由韵母表现"。对于弯头和降尾的处理，我们采用石锋先生的观点，把它们排除掉，"声调曲线的弯头和降尾是人类发音的生理机制造成的。主要因素可能是声带振动的惯性作用。弯头表示了声带从自然状态到不同音调的变化过程。降尾表示了声带从不同音调的振动发音到静止放松的变化过程。因而在分析汉语声调时，弯头和降尾一般都是排除在外的"（石锋，1990）。而朱晓农（2010）认为"声调的时长不等于负载这个声调的音节的时长，也不等于韵母的时长，而是等于韵体（=韵母-韵头=韵核+韵尾）的时长"，并给出了可操作的计算方法：声调起点从韵母的主元音的起点算起，表现在语图上就是从元音的第二个脉冲算起；而声调终点的确定有两个统一标准，一是声波图中振幅显著下降，二是看宽带语图中F2是否还清晰，如果共振峰结构已经模糊，可以认为是声调的终点。本书将采用朱先生的方法来确定声调的负载段。

二、基频归一法的选择

声调的实验研究中另一个重要步骤就是对所得到的数据进行归一化处理。音高是人耳对物体振动频率的听觉感受，其高低主要决定于声波频率。一般来说，振动频率越高，感受到的音高也越高；振动频率越低，感受到的音高也越低。对复合波音高的感知，主要决定于基频。我们对声调的感知是一种相对音高的感知，也就是对声调在整个声调系统中相对高度的感知。目前，学术界常使用的基频归一方法有

T值法和LZ法（即对数z-score法的简称）。石锋先生在研究北京话中用的是T值法，具体的公式是T=5（lgx-lgb）/（lga-lgb）。其中，a为调域上限，b为调域下限，x为a和b之间的测量点，所得T值就是x点的五度值参考标度。（石锋，1986）T值法操作简单且直观，直接就能得出1—5的标度，方便与以往研究进行比较。考虑到T值法用到的是所有数据中的最大值和最小值，具有一定的偶然性，为防止同一个发音人的声调系统中的某偶然个别数据对归一值产生太大影响，我们选择了对数z-score的方法，让发音人调域中的每个数据都参与归一。对数z-score是朱晓农最早在《基频归一化——如何处理声调的随机差异》（朱晓农，2004a）一文中提出来的。文中比较了z-score、频域分数、频域比例三种线性法和对数半音化、对数z-score、对数频域比例三种对数法，共六种基频归一法，认为对数z-score法最好（朱晓农，2004a、2005）。丁琳（2005）的《姜堰方言声调实验研究》进一步指出LZ法更符合声音和听感间的关系，"所求的标准分不受频域的影响，这种方法在统计学上常用来对不同质的数据进行比较，用于声调基频数据的统计时，可以进行人际比较"。本书选取每位发音人20s的连续语流的语料来确立其音域范围，将用LZ法对北京话上声调进行归一化，以期有新的发现。

2.4.2 语料

今北京话上声来源于古全清上、次清上、全浊上、次浊上和清入五类字，因此，我们的研究材料可按此分为五类：

（1）古全清上声字，包括（共14字）：粉，岛，等，比，好，补，短，假，走，响，底，纸，古，把；

（2）古次清上声字，包括（共6字）：讨，纺，普，口，草，楚；

（3）古全浊上声字，包括（共6字）：挺，腐，缓，很，俭，辅；

（4）古次浊上声字，包括（共7字）：老，女，马，买，五，痒，有；

（5）古清入字，包括（共4字）：笔，脚，尺，铁。

测试字为普通话上声的单字常用字，从《方言调查字表》中的古上声字和今读为上声的清入字中选取，并且在现代普通话中能够单说，共37个字。录音时，测试字随机分散在1321个（不含重复字）单双音节字表中，其中单音节字涵盖了阴平、阳平、上声、去声四个调，共791个（不含重复字）。

2.4.3 发音人

本研究以北京人为调查对象，具体又按照家庭语言背景分为新北京人和老北京人。北京话在老城区分布较集中，根据周小燕（2014）的调查："目前北京话以老城区分布较为集中，保存也相对较好。"这也印证了我们的观点。本书采用胡明扬（1987）有关"新北京人、老北京人"的定义，调查在老城区[①]出生和长大的北京人。其中"父母双方都是北京人，本人在北京出生长大的"为老北京人；"父母双方或一方不是北京人，但本人在北京出生长大的"为新北京人。

本实验共包括两部分被试，一是使用声音信号的发音人，共32人。这部分被试的数据我们用来分析北京话上声调上四个考察点的情况及嘎裂声的分布情况。由于北京话上声经常带有低调的伴随嘎裂声发声态，嘎裂这部分的基频就无法提取，为了探讨不同类型发音人的基频模式，对于嘎裂声部分，我们根据嘎裂音能提取出来的那部分基频值来拟合，具体步骤见2.4.5实验过程。因为一位男性23岁发音人的

[①] 2010年7月，北京市调整了行政区划，撤销原东城区、崇文区，合并为新的北京市东城区；撤销原西城区、宣武区，合并为新的北京市西城区。我们说的老城区指的是原来的东城、西城、崇文、宣武四区。

嘎裂声非常多，且在音节开始就出现嘎裂，我们无法拟合他的基频曲线，所以在第三章和第四章分析发音人的起点、拐点和终点等相关信息时，我们把这位发音人的数据剔除掉了。第六章我们使用的是EGG信号的发音人，共10人。EGG信号因其非侵入等特点，又由于其信号也有不足之处，所以研究嗓音时虽被研究者比较普遍地采用，但大都是小样本，控制在6个以内（杨若晓，2009；尹基德，2010；吉永郁代，2012；李立宁，2012；任洁，2012）。

所以本研究发音人的具体分布为：第三章和第四章31人，第五章32人，第六章10人。发音人发音听力都很正常，详细信息将在各章分别介绍。

2.4.4 调查方法

关于社会语言学的调查方法，本书采用了判断抽样和滚雪球抽样的方法（祝畹瑾，1992）。

（1）判断抽样：选取老北京人集中的地区——史家胡同和牛街。由于北京城区改造等原因，北京人居住的地方变化很大，这两个地方聚居比较集中，史家社区一直都没有拆迁，居民在此都居住了几十年；牛街虽然有了拆迁，但回迁率很高，回迁后依然住在原址，周围邻居也基本不变，只是居住环境从平房变成了楼房。（周小燕，2014）

（2）滚雪球抽样：发音人再带认识人——通过被试按照我们的要求介绍其熟人。

2.4.5 实验过程

一、录音

录音在安静的房间里进行。录音设备有IBM笔记本电脑、Creative外接声卡、Sony话筒、调音台、美国KAY公司生产的电子声门仪

（EGG）。录音软件为Adobe Audition 2.0，录音采样率44100Hz，解析度16位，用SONY-ECM话筒采集语音信号，用EGG采集嗓音信号。对录完后的样本进行处理，主要是使用Adobe Audition 2.0软件切音。

二、标注

2名语音研究人员用Praat软件对字表中的字做了标注并核对，分成2层进行标注。没有嘎裂声的只标注音调层。

1. 音调层：声调核

声调的起点从韵腹的起点算起，在语图上从元音的第二个脉冲算起；终点定在窄带语图的基频峰点处（朱晓农，2010），如图4的AD段。

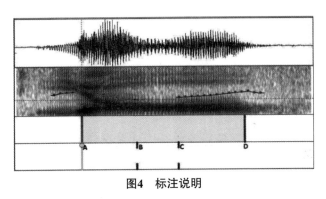

图4　标注说明

2. 嘎裂音层：嘎裂音边界标注

嘎裂音发声时，声带强烈地往中央收缩，声带变得又短又厚，所以频率极低，远远低于发音人声域的最低限，声带振动时很不规则，所以有时无法测到基频，或者测到也不规则，忽高忽低，时有时无。表现在基频曲线上就是中间折断了（朱晓农，2009），如图4的BC段。

三、数据提取与处理

主要包括基频提取、基频归一化和相对化数据的统计分析，详见各章"实验程序"。

第三章 北京话上声单字调基频模式的社会分层实验研究

　　北京语音是普通话的标准音,在日常交际中使用,与社会的发展息息相关。它是鲜活的,不是一成不变的,跟其他汉语方言一样处于发展变化之中。不管它的变化是否显著,我们都不能忽视它。以往关于上声调基频模式的研究,无论是声学的还是知觉的,研究者大都从调型和音高两方面入手。调型方面主要从拐点的前后位置等来考察。音高方面学者们大部分认为"低"是其重要的特征,重点从起点音高、拐点音高和终点音高以及它们间的关系来考察。学者们的研究表明,这三个点所负载的调位信息不同:拐点是由离散度较小的测量点构成的稳定段,更多地承载着调位信息,而起点和终点作为非稳定段负载的调位信息少,但它们一起构成了上声的不可缺少的考察点。本章通过对31位母语为北京话的发音人的1147个有效样本进行语音实

第三章　北京话上声单字调基频模式的社会分层实验研究

验和统计分析，从发音人的社会身份背景入手来考察当代北京人单音节上声调基频模式。主要从年龄因素、性别因素和家庭语言背景三个方面来讨论，具体通过六个实验来实现：实验一是年龄视角的北京人上声调基频模式研究，实验二是性别视角的北京人上声调基频模式研究，实验三是家庭语言背景视角的北京人上声调基频模式研究，实验四是性别与年龄视角的北京人上声调基频模式研究，实验五是家庭语言背景与年龄视角的北京人上声调基频模式研究，实验六是家庭语言背景与性别视角的北京人上声调基频模式研究。基频模式主要从上声的起点音高、拐点音高、终点音高及拐点位置等四个角度来研究。

3.1　实验一：年龄视角的北京人上声调基频模式研究

3.1.1　实验目的

研究不同年龄阶段的北京人，单音节上声发声模式（起点、拐点、终点音高及拐点位置）是否有区别。

3.1.2　实验设计

本实验采用单因素被试间实验设计。

（1）自变量：被试年龄，为被试间变量，分为五个水平，分别为：20~29岁，30~39岁，40~49岁，50~59岁，60~69岁。

（2）因变量：被试产出上声的起点、拐点、终点音高及拐点位置。

3.1.3　被试

被试为土生土长的北京人，31位发音人按照年龄、性别和家庭语言背景做出分组，具体如下：

年龄：20~29岁10人，30~39岁3人，40~49岁4人，50~59岁7人，

60~69岁7人。

性别：男16人，女15人。

家庭语言背景：老北京人18人，新北京人13人。

3.1.4 实验材料

我们从包含了31位发音人的1321个单双音节的录音文本中共选取37个汉语上声音节的录音作为样本。这些字来源于古上声调和古清入调，而且在普通话中仍然读上声（见附录1）。我们共得到 $31 \times 37=1147$ 个有效样本。

3.1.5 实验程序

1. 数据收集。我们把37个测试字随机分散在1321（不含重复字）个单双音节字表中，其中单音节字涵盖了阴平、阳平、上声、去声四个调，共791个（不含重复字）。被试按平时正常发音朗读音节表，要求每个音节之间停顿3秒，以避免前后音节之间的干扰。录音设备有电脑、麦克、外置声卡。

2. 基频提取。为了使所得到的基频值具有可比性，我们按调长1/30取相对百分时刻点的30个基频值，具体到上声调在某个百分时刻点的基频值不是每个测量点上单个样品的测量值，而是在这个测量点上全组样品的算术平均值。因有的发音具有低调的伴随特征——嘎裂声，所以提取的时候主要分为两个部分：

（1）无嘎裂声的数据：主要是通过Praat软件提取基频值，选取相应的30个点的基频。我们使用Perl程序读取每个音频数据各相对百分比时刻的30个基频值。

（2）有嘎裂声的数据：一般来说，在声道振动期间，基频曲线也应该有一些抖动，由于生理上的限制，这种抖动是有限的。我们先用

第三章　北京话上声单字调基频模式的社会分层实验研究

一个三次曲线来拟合基频曲线（Peng, G. & W. S. Wang, 2004）。在处理有嘎裂声的数据时，我们用Praat能提取出来的那部分基频值，通过最小均方偏差（Average Square Deviation）求出拟合曲线。公式如下：

$$ASD = \frac{1}{N}\sum_{i=1}^{N}(F(i) - f(i))^2$$

其中N为用来计算拟合曲线基频点的个数，$F(i)$为第i个Praat提取的基频值，$f(i)$对应拟合曲线求出的值。用最小二乘法使ASD的值最小，求出拟合曲线。嘎裂声部分的数据根据拟合曲线求出。

3. 基频归一化。为了避免性别、年龄、家庭语言背景等外部因素带来的影响，使研究结果具有普遍性的意义，必须对研究所使用的数据进行相对化和归一化。我们采用LZ法进行归一（朱晓农，2004a）。

4. 相对化数据的统计分析。

（1）首先把起点音高、拐点音高和终点音高z-score值、拐点位置样本以及整体样本分别做了正态分布检验，结果基本符合正态分布。

（2）进而对起点音高、拐点音高和终点音高z-score值、拐点位置这个参数进行了方差分析。

3.1.6　实验结果

不同年龄段的发音人起点音高、拐点音高、终点音高均值以及拐点位置均值见表1。

表1　不同年龄段发音人考察点位置上的均值

考察点	20~29岁	30~39岁	40~49岁	50~59岁	60~69岁
起点音高	-0.028	-0.312	-0.599	-0.222	-0.041
拐点音高	-1.356	-1.602	-1.831	-1.266	-1.084
终点音高	-0.290	-0.200	-0.644	-0.002	0.464
拐点位置	0.446	0.449	0.441	0.424	0.407

我们对起点音高在各年龄阶段中的均值进行了单因素方差分析，结果表明起点音高在五个年龄阶段之间是存在显著差异的[$F(4, 1134)=23.617$, $p<0.001$]。Tukey-HSD多重比较发现，20~29岁年龄段和60~69岁年龄段人群的起点音高显著高于其他年龄段（$ps<0.001$），40~49岁年龄段人群的起点音高显著低于其他年龄段（$ps<0.001$），30~39岁及50~59岁这两个年龄段在起点音高上的均值差异不显著。

同样，对拐点音高在不同年龄阶段人群中的方差分析表明，五个年龄阶段之间存在显著差异[$F(4, 1134)=35.985$, $p<0.001$]，Tukey-HSD多重比较发现除了20~29岁年龄段和50~59岁年龄段没差异外（$ps>0.1$），其他两两之间均存在差异（$ps<0.05$），结合平均值可以看出40~49岁年龄段人群拐点音高显著低于其他年龄段，60~69岁年龄段人群拐点音高最高。

同样，对终点音高在不同年龄阶段人群中的方差分析表明，五个年龄阶段之间是存在显著差异的[$F(4, 1134)=82.706$, $p<0.001$]，Tukey-HSD多重比较发现除了20~29岁和30~39岁年龄段没差异外（$ps>0.1$），其他两两之间均存在差异（$ps<0.05$），结合平均值可以看出40~49岁年龄段人群终点音高显著低于其他年龄段，60~69岁年龄段人群终点音高最高。

同样，对拐点位置在不同年龄阶段人群中的方差分析表明，五个年龄阶段之间是存在显著差异的[$F(4, 1134)=3.414$, $p<0.01$]，Tukey-HSD多重比较发现20~29岁年龄段与60~69岁年龄段之间差异显著（$p<0.01$），30~39岁年龄段与60~69岁年龄段之间边缘显著

(p=0.085），结合平均数可以看出，20~29岁年龄段和30~39岁年龄段人群的拐点位置比60~69岁年龄段人群更靠后。

总之，通过上文的统计分析和平均数模式，可以得到以下几点结论：（1）不同年龄段的北京人上声调起点、拐点和终点音高高低及拐点位置有着显著性差别；（2）40~49岁年龄段人群的起点最低、拐点最低，终点最低，拐点位置较靠后，60~69岁年龄段人群正相反，起点较高，拐点最高，终点最高，拐点位置最靠前，其他三个年龄段处于变化中，40~49岁是变化的分界，20~29岁和30~39岁这两个年龄段之间的发音更相似，50~59岁和60~69岁这两个年龄段之间更像，而40~49岁是处于变异的年龄段；（3）从数据分析和平均值可以看出，年轻人的拐点位置更靠后。

3.2 实验二：性别视角的北京人上声调基频模式研究

3.2.1 实验目的

研究不同性别的北京人，单音节上声发声模式（起点、拐点、终点音高及拐点位置）是否有区别。

3.2.2 实验设计

本实验采用单因素被试间实验设计。

（1）自变量：被试性别，为被试间变量，分为两个水平，分别为男性和女性。

（2）因变量：被试产出上声的起点、拐点、终点音高及拐点位置。

3.2.3 被试

同实验一。

3.2.4 实验材料

同实验一。

3.2.5 实验程序

同实验一。

3.2.6 实验结果

不同性别发音人起点音高、拐点音高、终点音高均值以及拐点位置均值见表2。

表2 不同性别的发音人考察点位置上的均值

考察点	男	女
起点音高	−0.223	−0.124
拐点音高	−1.35	−1.373
终点音高	0.030	−0.240
拐点位置	0.4078	0.458

我们对性别在起点音高上的均值进行独立样本t检验,结果发现,女性和男性在起点音高上差异显著[$t(1137)=-2.435, p<0.05$],结合表2的平均数可以看出,女性的起点音高高于男性。

对性别在拐点音高上的均值进行独立样本t检验,结果发现,女性和男性在拐点音高上无明显差异[$t(1137)=0.682, p>0.1$]。

对性别在终点音高上的均值进行独立样本t检验,结果发现,女性和男性在终点音高上差异显著[$t(1137)=6.340, p<0.001$],结合表2的平

均数可以看出,女性的终点音高显著低于男性。

对性别在拐点位置上的均值进行独立样本t检验,结果发现,女性和男性在拐点位置上差异显著[t(1137)=-5.914, p<0.001],结合平均数可以看出,女性的拐点位置更靠后。

总之,通过上文的统计分析和平均数模式,可以得到以下几点结论:(1)不同性别的母语者上声调起点、终点音高高低和拐点位置有着显著性差别,拐点音高在男性女性之间没有显著性差异;(2)女性起点音高高于男性,终点音高低于男性,拐点位置比男性靠后。

3.3 实验三:家庭语言背景视角的北京人上声调基频模式研究

3.3.1 实验目的

研究不同家庭语言背景的北京人,单音节上声发声模式(起点、拐点、终点音高及拐点位置)是否有区别。

3.3.2 实验设计

本实验采用单因素被试间实验设计。

(1)自变量:被试家庭语言背景,为被试间变量,分为两个水平,分别为老北京人和新北京人。

(2)因变量:被试产出上声的起点、拐点、终点音高及拐点位置。

3.3.3 被试

同实验一。

3.3.4 实验材料

同实验一。

3.3.5 实验程序

同实验一。

3.3.6 实验结果

不同家庭语言背景发音人起点音高、拐点音高、终点音高均值以及拐点位置均值见表3。

表3 不同家庭语言背景的发音人考察点位置上的均值

考察点	新北京人	老北京人
起点音高	-0.068	-0.255
拐点音高	-1.403	-1.329
终点音高	-0.200	-0.023
拐点位置	0.452	0.418

我们对新老北京人上声调的起点音高均值进行独立样本t检验，结果发现，新老北京人在起点音高上差异显著[t(1137)=4.584, $p<0.001$]，结合表3的平均数可以看出，新北京人的起点音高高于老北京人。

对新老北京人在拐点音高上的均值进行独立样本t检验，结果发现，新老北京人在拐点音高上差异边缘显著[t(1137)=-1.808, $p=0.071$]。

对新老北京人在终点音高上的均值进行独立样本t检验，结果发现，新老北京人在终点音高上差异显著[t(1137)=-4.039, $p<0.001$]，结合表3的平均数可以看出，新北京人的终点音高低于老北京人。

对新老北京人在拐点位置上的均值进行独立样本t检验，结果发现,新老北京人在拐点位置上差异显著[t(1137)=3.975, p<0.001],结合表3的平均数可以看出,新北京人的拐点位置更靠后。

从上文的分析可以看出,跟老北京人相比,新北京人在发上声时,起点高、终点低、拐点位置靠后。

总之,通过上文的统计分析和平均数模式,可以得到以下几点结论:(1)不同家庭语言背景的母语者上声调起点、终点音高高低和拐点位置有着显著性差别,拐点音高在新老北京人之间显示为差异边缘显著;(2)新北京人起点音高高于老北京人,终点音高低于老北京人,拐点位置比老北京人靠后。

3.4 实验四:性别与年龄视角的北京人上声调基频模式研究

从上文的分析可以看出,女性的上声发音特点与年轻人的发音特点比较相似,而且,有研究者提出,20—50岁为嗓音发展的成熟期,"50岁后逐渐进入老年嗓音时期",50岁是嗓音发展变化的一个分界点,50岁以后人的声带开始老化(韩德民,2007)。所以我们以50岁为界限,按被试年龄分成两组,50岁以下为一组,50岁及50岁以上为一组。我们对不同年龄段和不同性别的发音人所产出的上声的起点、拐点、终点音高及拐点位置的均值进行了两因素方差分析。

3.4.1 实验目的
研究不同性别与年龄的北京人,单音节上声发声模式(起点、拐点、终点音高及拐点位置)是否有区别。

3.4.2 实验设计
本实验采用2×2两因素被试间实验设计。

（1）自变量A：被试年龄，为被试间变量，分为两个水平，分别为50岁及50岁以上的发音人和50岁以下的发音人。

（2）自变量B：被试性别，为被试间变量，分为两个水平，分别为女性和男性。

（3）因变量：被试产出上声的起点、拐点、终点音高及拐点位置。

3.4.3 被试
同实验一。

3.4.4 实验材料
同实验一。

3.4.5 实验程序
同实验一。

3.4.6 实验结果
不同性别与年龄的发音人起点音高、拐点音高、终点音高均值以及拐点位置均值见表4。

表 4　不同性别与年龄的发音人各考察点位置上的均值

考察点	50岁以下		50岁及50岁以上	
	男性	女性	男性	女性
起点音高	−0.196	−0.212	−0.246	0.005
拐点音高	−1.445	−1.562	−1.241	−1.091
终点音高	−0.266	−0.439	0.358	0.051
拐点位置	0.428	0.463	0.387	0.452

第三章　北京话上声单字调基频模式的社会分层实验研究

对不同性别和年龄的发音人起点音高均值进行两因素方差分析，结果显示：年龄的主效应显著[$F(1,1135)=4.116$, $p<0.05$]，结合表4的平均数可以看出，50岁以下人群起点音高低于50岁及50岁以上人群；性别的主效应显著[$F(1,1135)=8.168$, $p<0.01$]，结合平均数可以看出，女性起点音高高于男性；性别和年龄之间的交互作用显著[$F(1,1135)=10.489$, $p<0.001$]。进一步简单效应检验表明性别差异在50岁及50岁以上的人群中显著[$F(1,1135)=9.256$, $p<0.05$]，女性起点更高；在50岁以下的人中差异边缘不显著。同时年龄差异也都存在于男性或女性中[$F(1,1135)=85.87$, $p<0.001$; $F(1,1137)=121.80$, $p<0.001$]，结合平均数可以看出，女性中，50岁以下人群起点音高低于50岁及50岁以上人群；男性中，50岁以下人群起点音高高于50岁及50岁以上人群。

对不同性别和年龄的发音人拐点音高均值进行两因素方差分析，结果显示：年龄差异显著[$F(1,1135)=72.881$, $p<0.001$]，结合平均数可以看出，50岁以下人群比50岁及50岁以上人群更低；性别差异不显著[$F(1,1135)=0.173$，$p>0.1$]；性别和年龄之间的交互作用显著[$F(1,1135)=11.373$, $p<0.001$]。进一步简单效应检验表明性别差异只存在于50岁以下人群中[$F(1,1136)=5.63$，$p<0.001$]。

对不同性别和年龄的发音人终点音高均值进行两因素方差分析，结果显示：年龄差异显著[$F(1,1136)=195.170$, $p<0.001$]，结合平均数可以看出，50岁以下人群终点音高比50岁及50岁以上人群更低；性别差异显著[$F(1,1136)=36.261$, $p<0.001$]，结合平均数可以看出，女性比男性更低；性别和年龄之间的交互作用边缘显著[$F(1,1136)=2.814$, $p=0.094$]。进一步简单效应检验表明性别差异在50岁及50岁以上和50岁以下都存在边缘显著[$F(1,1136)=2.814$, $p=0.094$, $F(1,1136)=3.428$, $p=0.081$]。同时年龄差异也都存在于男性或女性中[$F(1,1137)=85.87$, $p<0.001$; $F(1,1137)=121.80$, $p<0.001$]，结合平均数可以看出，女性中，

50岁以下人群终点音高低于50岁及50岁以上人群；男性中，50岁以下人群终点音高也低于50岁及50岁以上人群。

对不同性别和年龄的发音人拐点位置均值进行两因素方差分析，结果显示：年龄差异显著[$F(1,1135)=9.180$, $p<0.01$]，结合平均数可以看出，50岁以下人群比50岁及50岁以上人群更靠后；性别差异显著[$F(1,1135)=33.876$, $p<0.001$]，结合平均数可以看出，女性比男性更靠后；性别和年龄之间的交互作用边缘显著[$F(1,1135)=3.002$, $p=0.083$]。进一步简单效应检验表明性别差异在50岁及50岁以上和50岁以下人群中均存在[$F(1,1136)=28.39$, $p<0.001$；$F(1,1136)=9.86$, $p<0.01$]，均是女性拐点位置靠后；而年龄差别只在男性人群中存在[$F(1,1136)=10.73$, $p<0.001$]，结合平均数可以看出，男性中，50岁以下人群位置更靠后。

小结：

1. 通过上文的统计分析和平均数模式，可以得到以下几点结论：（1）年龄因素在起点音高、拐点音高、终点音高和拐点位置的主效应均显著，表明随着发音人年龄的变化，起点音高、拐点音高、终点音高和拐点位置将随之发生变化；（2）性别因素在起点音高、终点音高、拐点位置的主效应均显著，表明性别不同，起点音高、终点音高、拐点位置将不同，但是，拐点音高的性别主效应不显著，拐点音高不随性别的不同而变化；（3）女性的起点音高、拐点音高高于男性，终点音高低于男性，在拐点位置上，女性的拐点位置更靠后。

2. 年龄和性别都是影响上声发音出现差别的重要因素，那么年龄和性别因素是否也会互相影响呢？也就是说二者是否会有交互作用呢？为了让性别和年龄因素的交互作用更清楚，我们用区别特征的方法列出差异表，见表5和表6。其中"+"表示一个因素在另一个因素的其中一个水平上有显著性差异,"-"表示一个因素在另一个因素的其中一个水平上没差异。

表5 性别差异在年龄因素中的表现

考察点	50岁以下	50岁及50岁以上
起点音高	+	-
拐点音高	+	-
终点音高	-	-
拐点位置	+	+

结合表5以及平均数可以看出,性别差异在年龄中的表现为:(1)起点音高的差异只体现在50岁以下人群中,女性起点高于男性;(2)拐点音高的差异也存在于50岁以下的人群中,女性拐点高于男性;(3)终点音高在不同的年龄群体中性别差异不显著;(4)无论对于50岁以下还是50岁及50岁以上的人群,性别在拐点位置上均存在差异,结合平均数可以看出,均是女性比男性靠后。

表6 年龄差异在性别因素中的表现

考察点	男性	女性
起点音高	+	+
拐点音高	-	-
终点音高	+	+
拐点位置	+	-

结合表6以及平均数可以看出,年龄差异在性别中表现为:(1)起点音高的差异在男性和女性中都存在,男性50岁以下人群起点高于50岁及50岁以上人群,女性50岁以下起点低于50岁及50岁以上人

群；（2）拐点音高在性别中没有显著性差异，无论单因素分析，还是考察年龄差异在性别中的影响，拐点音高在性别中均没有显著差异，说明拐点音高不是区别性别的重要参数；（3）终点音高的差异在男性女性中都存在，男性50岁以下人群终点低于50岁及50岁以上人群，女性50岁以下人群终点低于50岁及50岁以上人群；（4）在拐点位置上，年龄差异只体现在男性中，50岁以下的人群更靠后，女性的拐点位置在50岁这个分界线上没有显著差异。

3. 从两因素（性别×年龄）方差分析可以看出，性别上的差异与单因素（性别）方差分析的结果是一致的，均为女性的起点音高高于男性，终点音高低于男性；在拐点位置上，女性的拐点位置更靠后。无论单因素分析，还是考察年龄差异在性别中的影响，拐点音高在性别中均没有显著差异，说明性别因素在考察拐点音高的区别时不是重要参数。

4. 两因素（性别×年龄）方差分析显示，年龄上的差异表现为50岁以下人群的起点、拐点和终点音高低于50岁及50岁以上人群，拐点位置靠后。与单因素（年龄）方差分析的结果显示出了不同，单因素（年龄）方差分析显示40~49岁年龄段人群的起点最低，拐点最低，终点最低，拐点位置较靠后，60~69岁年龄段人群正相反，起点较高，拐点最高，终点最高，拐点位置最靠前。其他三个年龄段处于变化中，总体来看，20~29岁和30~39岁两个年龄段的模式更像40~49岁年龄段，而50~59岁年龄段的模式更像60~69岁年龄段，如果我们以50岁作为界限，正好也表现出了和两因素方差分析中一致的特点：年轻人起点、拐点和终点音高比年纪大的人低，拐点位置靠后。

3.5 实验五：家庭语言背景与年龄视角的北京人上声调基频模式研究

3.5.1 实验目的

研究不同家庭语言背景与年龄的北京人，单音节上声发声模式（起点、拐点、终点音高及拐点位置）是否有区别。

3.5.2 实验设计

本实验采用2×2两因素被试间实验设计。

（1）自变量A：被试年龄，为被试间变量，分为两个水平，分别为50岁及50岁以上的发音人和50岁以下的发音人。

（2）自变量B：被试家庭语言背景，为被试间变量，分为两个水平，分别为老北京人和新北京人。

（3）因变量：被试产出上声的起点、拐点、终点音高及拐点位置。

3.5.3 被试

同实验一。

3.5.4 实验材料

同实验一。

3.5.5 实验程序

同实验一。

3.5.6 实验结果

不同家庭语言背景与年龄的发音人起点音高、拐点音高、终点音高均值以及拐点位置均值见表7。

表7 不同家庭语言背景与年龄的发音人各考察点位置上的均值

考察点	老北京人		新北京人	
	50岁及50岁以上	50岁以下	50岁及50岁以上	50岁以下
起点音高	-0.301	-0.226	0.025	-0.166
拐点音高	-1.129	-1.480	-1.280	-1.543
终点音高	0.351	-0.317	0.028	-0.392
拐点位置	0.389	0.439	0.454	0.450

分别对不同家庭语言背景和年龄的发音人在起点音高、拐点音高、终点音高和拐点位置上的均值进行两因素方差分析，结果发现：

在起点音高上，新老北京人的差异显著[$F(1,1135)=22.120, p<0.001$]，结合平均数可以看出，新北京人比老北京人更高；年龄差异不显著[$F(1,1135)=2.011, p>0.1$]；新老北京人和年龄之间的交互作用显著[$F(1,1135)=10.470, p<0.01$]。进一步简单效应检验表明年龄差异在老北京人中不显著，在新北京人中显著[$F(1,1135)=16.530, p<0.01$]，50岁以下人群起点音高低于50岁及50岁以上人群。

在拐点音高上，新老北京人的差异显著[$F(1,1135)=7.065, p<0.01$]，结合平均数可以看出，老北京人比新北京人拐点更高；年龄差异显著[$F(1,1135)=58.678, p<0.001$]，结合平均数可以看出，50岁及50岁以上的人比50岁以下的人拐点更高；新老北京人和年龄之间的交互作用不显著[$F(1,1135)=1.194, p>0.1$]。

在终点音高上，新老北京人的差异显著[$F(1,1136)=34.971, p<0.001$]，结合平均数可以看出，新北京人比老北京人终点音高更低；年龄差异显著[$F(1,1136)=211.669, p<0.001$]，结合平均数可以看出，50岁以下人群比50岁及50岁以上人群终点音高更低；新老北京人和年

第三章 北京话上声单字调基频模式的社会分层实验研究

龄之间的交互作用显著$[F(1,1136)=4.826, p<0.05]$。进一步简单效应检验表明年龄差异在新老北京人当中均存在$[F(1,1137)=146.16, p<0.001; F(1,1137)=59.38, p<0.001]$，新老北京人的差异只存在于50岁及50岁以上人群中$[F(1,1137)=30.47, p<0.001]$。

在拐点位置上，新老北京人的差异显著$[F(1,1135)=19.877, p<0.001]$，结合平均数可以看出，新北京人比老北京人更靠后；年龄差异显著$[F(1,1135)=7.436, p<0.01]$，结合平均数可以看出，50岁以下的人比50岁及50岁以上的人更靠后；新老北京人和年龄之间的交互作用显著$[F(1,1135)=10.120, p<0.01]$。进一步简单效应检验表明年龄差异只存在于老北京人中$[F(1,1137)=15.35, p<0.001]$，新老北京人的差异只存在于50岁及50岁以上人群中$[F(1,1137)=22.04, p<0.001]$。

小结：

1. 通过上文的统计分析和平均数模式，可以得到以下几点结论：（1）新老北京人因素在起点音高、拐点音高、终点音高和拐点位置上的差异均显著，表明家庭语言背景的不同，会造成起点音高、拐点音高、终点音高和拐点位置的变化；（2）年龄因素在拐点音高、终点音高、拐点位置的主效应均显著，表明年龄不同，拐点音高、终点音高、拐点位置将不同，但是，起点音高的年龄主效应不显著，起点音高不随年龄的不同而变化；（3）拐点音高两因素方差分析表现出有显著性差别，而单因素方差分析为边缘显著，说明拐点音高在家庭语言背景因素上，表现不是很稳定。

2. 为了让年龄和家庭语言背景因素的交互作用看得更清楚，我们用区别特征的方法列出差异表，见表8和表9。其中"+"表示一个因素在另一个因素的其中一个水平上有差异，"-"表示一个因素在另一个因素的其中一个水平上没差异。

表 8　年龄差异在家庭语言背景因素中的表现

考察点	新北京人	老北京人
起点音高	+	−
拐点音高	−	−
终点音高	+	+
拐点位置	−	+

结合表8以及平均数可以看出，年龄差异在不同家庭语言背景中的表现为：（1）起点音高的差异只在新北京人中存在，新北京人50岁以下人群起点音高低于50岁及50岁以上人群；（2）拐点音高在不同的家庭语言背景中没有显著性差异；（3）终点音高上，新老北京人均有差异，新北京人50岁以下人群终点音高低于50岁及50岁以上人群，老北京人50岁以下人群终点音高也低于50岁及50岁以上人群；（4）在拐点位置上，年龄差异只体现在老北京人中，50岁以下的人群更靠后。

表 9　家庭语言背景差异在年龄因素中的表现

考察点	50岁以下	50岁及50岁以上
起点音高	−	−
拐点音高	−	−
终点音高	−	+
拐点位置	−	+

结合表9以及平均数可以看出，家庭语言背景差异在不同年龄中表现为：（1）在起点音高上没有显著差异；（2）在拐点音高上没有显著差异；（3）终点音高的差异体现在50岁及50岁以上人群中，新北京人终点音高低于老北京人；（4）拐点位置上的差异也体现在50岁及50岁以上人群中，新北京人的拐点位置更靠后。

第三章 北京话上声单字调基频模式的社会分层实验研究

3. 家庭语言背景对上声调考察点的影响在两因素（家庭语言背景×年龄）方差分析与单因素（家庭语言背景）方差分析的结果是一致的：均为新北京人的起点音高高于老北京人，终点音高低于老北京人；新北京人的拐点位置更靠后。无论单因素分析，还是考察年龄差异在不同家庭语言背景人群中的表现，拐点音高在不同家庭语言背景人群中均没有显著差异，说明家庭语言背景因素在考察拐点音高的区别时不是重要参数。

4. 年龄对上声调考察点的影响表现出与单因素（年龄）和两因素（性别×年龄）方差分析结果相一致。两因素（家庭语言背景×年龄）方差分析中，起点音高上没有显著差异，50岁以下的人群拐点音高和终点音高比50岁及50岁以上的人更低，拐点位置更靠后。这个趋势显示的年龄对上声调的影响和单因素（年龄）方差分析及两因素（性别×年龄）方差分析中对年龄因素影响的考察结果有一致的地方。

3.6 实验六：家庭语言背景与性别视角的北京人上声调基频模式研究

3.6.1 实验目的

研究不同家庭语言背景与性别的北京人，单音节上声发声模式（起点、拐点、终点音高及拐点位置）是否有区别。

3.6.2 实验设计

本实验采用2×2两因素被试间实验设计。

（1）自变量A：被试性别，为被试间变量，分为两个水平，分别为男性和女性。

（2）自变量B：被试家庭语言背景，为被试间变量，分为两个水平，分别为老北京人和新北京人。

（3）因变量：被试产出上声的起点、拐点、终点音高及拐点位置。

3.6.3 被试
同实验一。

3.6.4 实验材料
同实验一。

3.6.5 实验程序
同实验一。

3.6.6 实验结果

不同家庭语言背景与性别的发音人起点音高、拐点音高、终点音高均值以及拐点位置均值见表10。

表10 不同家庭语言背景与性别的发音人各考察点位置上的均值

考察点	老北京人		新北京人	
	男性	女性	男性	女性
起点音高	−0.261	−0.243	−0.067	−0.048
拐点音高	−1.356	−1.248	−1.304	−1.429
终点音高	0.025	−0.153	0.082	−0.282
拐点位置	0.407	0.445	0.412	0.465

第三章　北京话上声单字调基频模式的社会分层实验研究

分别对不同家庭语言背景与性别的发音人在起点音高、拐点音高、终点音高和拐点位置上的均值进行两因素方差分析，结果发现：

在起点音高上，新老北京人差异显著[$F(1,1135)=16.719$, $p<0.001$]，结合平均数可以看出，新北京人比老北京人起点音高更高；性别差异显著[$F(1,1135)=4.116$, $p<0.05$]，结合平均数可以看出，无论新北京人还是老北京人，女性的起点音高都比男性高，新老北京人与性别之间的交互作用不显著（$F<1$）。

在拐点音高上，性别差异和新老北京人差异均不显著[$F<1$或$p>0.1$]；新老北京人与性别之间的交互作用显著[$F(1,1135)=6.065$, $p<0.05$]。进一步简单效应检验表明性别差异只存在于新北京人[$F(1,1136)=6.23$, $p<0.05$]，同时，只在女性上看到新老北京人之间的差异[$F(1,1136)=9.26$, $p<0.01$]。

在终点音高上，性别差异显著[$F(1,1136)=29.346$, $p<0.001$]，结合平均数可以看出，女性比男性终点音高更低；新老北京人差异不显著[$F<1$]；新老北京人与性别之间的交互作用边缘显著[$F(1,1136)=3.332$, $p=0.064$]。进一步简单效应检验表明新老北京人均存在性别差异[$F(1,1137)=9.95$, $p<0.01$; $F(1,1137)=30.20$, $p<0.001$]，男女性别上也均存在新老北京人之间的差异[$F(1,1137)=3.87$, $p<0.05$; $F(1,1137)=10.75$, $p<0.001$]。

在拐点位置上，性别差异显著[$F(1,1135)=20.449$, $p<0.001$]，结合平均数可以看出，女性比男性拐点位置更靠后；新老北京人差异不显著[$F(1,1135)=1.594$, $p>0.1$]；家庭语言背景与性别之间的交互作用不显著($F<1$)。

小结：

1. 通过上文的统计分析和平均数模式，可以得到以下几点结论：（1）新老北京人因素在拐点音高、终点音高和拐点位置的主效应均不显著，表明随着新老北京人的不同，拐点音高、终点音高和拐点位置将不发生变化，但是，起点音高的新老北京人主效应显著，起点音高随着新老北京人的不同而变化，新北京人起点音高比老北京人更高；（2）性别因素在起点音高、终点音高、拐点位置的主效应均显著，表明性别不同，起点音高、终点音高、拐点位置将不同，但是，拐点音高的性别主效应不显著，拐点音高不随性别的不同而变化。

2. 为了让性别和家庭语言背景因素的交互作用看得更清楚，我们用区别特征的方法列出差异表，见表11和表12。其中"+"与"-"的含义同上文：

表 11　性别差异在家庭语言背景因素中的表现

考察点	新北京人	老北京人
起点音高	-	-
拐点音高	+	-
终点音高	+	+
拐点位置	-	-

结合表11及平均数可以看出，性别差异在不同家庭语言背景中表现为：（1）起点音高的差异不显著；（2）拐点音高的差异只在新北京人中存在，新北京人女性拐点音高低于男性；（3）终点音高上，新老北京人均有差异，新北京人女性低于男性，老北京人女性也低于男性；（4）在拐点位置上，无论是新北京人还是老北京人，性别的差异均不显著，说明来自不同家庭语言背景的人无论男性还是女性，拐点位置差别都不显著。

第三章 北京话上声单字调基频模式的社会分层实验研究

表12 家庭语言背景差异在性别因素中的表现

考察点	新北京人	老北京人
起点音高	-	-
拐点音高	-	+
终点音高	+	+
拐点位置	-	-

结合表12及平均数可以看出，家庭语言背景差异在性别中表现为：（1）在起点音高上没有显著差异；（2）拐点音高的差异表现在女性中，女性的新北京人拐点音高比老北京人低；（3）终点音高的差异在男性女性中都存在，女性的新北京人终点音高低于老北京人，男性的新北京人终点音高高于老北京人；（4）拐点位置上没有显著差异，说明无论新北京人还是老北京人中，拐点位置不随着性别的改变而变化。

3. 从两因素（新老北京人×性别）方差分析可以看出，家庭语言背景上的差异与单因素方差分析的结果是一致的，均为新北京人的起点音高高于老北京人，终点音高低于老北京人。在拐点位置上，新北京人的拐点位置更靠后。

4. 性别上的差异与单因素（性别）方差分析得出的结论也相同：女性的起点音高高于男性，拐点音高差异不显著，终点音高低于男性，拐点位置上女性比男性更靠后。

3.7 结论与讨论

在社会语言学领域，用社会学的调查统计方法研究语言的变异跟社会因素间的内在关联性一直是大家所关注的。本章以31个母语为北京话的发音人所发的1147个北京话常用上声字音为研究对象，综合考察了年龄因素、性别因素及家庭语言背景因素对北京人所发的上声调的基频模式的影响,主要从上声起点、拐点、终点音高及拐点位置等角度来考察,通过对研究对象的标注和六个实验分析,我们发现:

1. 不同年龄人群、不同性别人群和来自不同家庭语言背景人群所发的上声调的起点音高、终点音高和拐点位置都有非常显著的差别,这种差别不具有区别意义的作用,但却是这个群体区别于其他社会群体的语音特点中的一个组成部分。变异语言观认为:作为社会交际和认同工具的语言,既有很强的同一性,又是存在多种变异形式的有序系统,语言演变都起始于个人语言变异,当这种变异影响到其他人并形成群体模仿,就成为了某一言语社团多数成员所接受并无意识地在使用的变异形式。(张炎,2010)当不同人群在上声调考察点上的差异成为了构成特定人群社会身份的一种符号性要素的时候,我们就不能忽视它。本书只是研究了不同社会因素对上声调造成的差异、分布特点以及相互间的关系,以期为研究北京话语音变异提供些材料。

2. 年龄因素在50岁这个界限上对上声调的影响显著。以50岁为分界,年轻人起点、拐点和终点音高比年纪大的人低,拐点位置靠后,如图5(以性别×年龄双因素方差分析数据作图)。

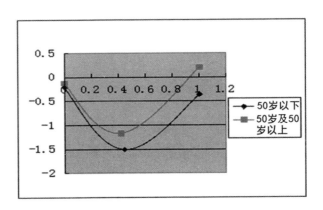

图5 不同年龄上声曲线图

第三章　北京话上声单字调基频模式的社会分层实验研究

研究进行中的语言变化的第一个步骤，也是最直截了当的步骤，就是探索在显象时间内的语言变化，即分布在跨年龄层的语言变异（William Labov，2007）。共时语音的差异在不同年龄段人群中的表现，将有可能是语音历时演变在当代语言系统中留下的轨迹。

3. 性别和家庭语言背景因素对当代北京话上声的影响表现出一致的特点。

从性别与年龄的两因素方差分析及性别与新老北京人的两因素方差分析可以看出，性别上的差异与单因素（性别）方差分析的结果是一致的，均为女性比男性起点高，终点低，拐点位置靠后，趋势如图6（以性别单因素方差分析结果作图），拐点音高没有显著性差异。

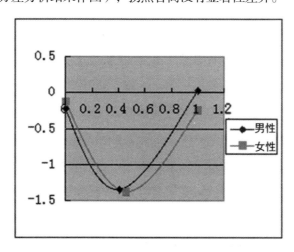

图6　男女上声曲线图

从家庭语言背景与性别的两因素方差分析及家庭语言背景与年龄的两因素方差分析可以看出，家庭语言背景上的差异与单因素（家庭语言背景）方差分析的结果是一致的，均为新北京人比老北京人起点高，终点低，拐点位置靠后，如图7（以家庭语言背景单因素方差分析结果作图），拐点音高没有显著性差异。

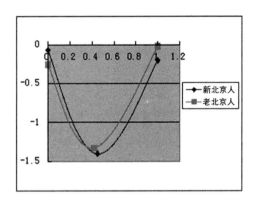

图 7　新老北京人上声曲线图

正如拉波夫所说，语言学的任何理论和活动都离不开它所赖以存在的社会，性别和家庭语言环境是说话人重要的社会背景。这两个因素对当代北京话上声调有着非常重要的影响。赵蓉晖（2003）指出，男性女性在音质上的差别不仅来自生理方面的差异，社会地位、社会心理等社会文化因素也是非常重要的原因。不同家庭语言背景也是说话人重要的社会背景因素，对其区分是为了考察家庭语言环境对发音人的影响，上声调在这两个因素影响下表现出的差异不仅是体现在不同人群中的客观差异，同时在应用学科如语音识别、声纹鉴定等方面都有非常重要的意义。

4. 和以往研究结果不一致的问题。石锋、王萍（2006b）对北京话声调做了比较细致的研究。文章在大样本统计分析的基础上，参照社会语言学的研究思路和方法，按照不同性别、不同家庭语言环境（新北京人、老北京人）和不同年龄段进行发音人分组统计分析。关于北京话上声调从社会语言学的角度得出的结论有：从年龄的角度看，新北京人不同年龄段间没有明显的规律，老北京人以40岁为界限，年龄段由大到小出现了起点升高，终点降低的滑移；从性别角度来看，

第三章 北京话上声单字调基频模式的社会分层实验研究

女性在男性的上方；从家庭生活背景来看，老北京人在新北京人的上方。

石锋、王萍（2006b）的研究方法对本研究有很大的启发。语言变异理论认为，不同的社会因素会造成语言使用上的变化，或者说语言（语言要素）变化的原因可以从社会因素中找到答案。性别、年龄和家庭语言背景是三个非常重要的社会因素。本研究也从这三个社会因素角度考察上声考察点的变异。我们的研究显示，年龄的界限上，我们的研究与石锋、王萍（2006b）的研究表现出一致性：这篇文章发表于2006年，我们的报告在2015年，时间过了近10年，我们研究中的50岁人群正好当时是40岁，但这种差异不仅表现在老北京人身上，也表现在新北京人身上；不同性别之间和新老北京人之间是有显著性差别的，但结果没有石锋、王萍（2006b）的那么齐整：从性别因素看，女性起点、拐点都高于男性，但终点却比男性低；新老北京人间的差异也不是那么齐整，新北京人起点、拐点在老北京人上方，而终点在下方。

是什么造成了研究结果的不一致？我们想，这种不一致主要是由社会的变迁带来的。2006年到2015年这近10年间，北京人的社会生活发生了很大的变化，我们主要从以下几方面来探讨：

1. 北京人聚居区的人为改变。自20世纪90年代以来，随着经济、社会、交通等各方面的发展和变化，北京的人口出现了大规模的变动，随着拆迁，很多原先居住在老城区的北京人搬到了新城区甚至郊区。2010年7月，北京市撤销原东城区、崇文区，合并为新的北京市东城区；撤销原西城区、宣武区，合并为新的北京市西城区。这种行政区划的调整加速了人口的流动和聚居区的变化。这种聚居区的变化定然会带来语言的变异，声调也在其列。周小燕（2014）关于"您认为是什么造成了北京话的变化"的调查中，有42.2%的北京人选择了

"拆迁,胡同消失,搬到高楼",也说明了这一点。

2. 大量外地人口的涌入造成语言环境的不单一。黄飞(2010)提到,2005年的户籍净迁入人口为15万。北京市统计局、国家统计局北京调查总队(2012)指出,2007年至2010年全市户籍人口迁移增长较为稳定,每年基本保持在11万人左右。大量外地人口乃至外国人进入北京,租房或定居在老城区的人数也很多。社会语言学认为,社会的分隔会造成语言社团的分化,而语言的接触则会导致更多的语言上的相似性。北京人所处语言环境的复杂性也促使其语音发生变化。

3. 发达的公共语言传播工具,使得新老北京人发音特点在年龄差异上表现出趋同性。当代社会,人们生活在发达的媒体环境里,在北京,从公共传播来讲,人们基本听到的都是标准的普通话,新老北京人为了融到主流文化里,天然地在学普通话,语音都在悄然发生着变化。无论新北京人还是老北京人,年轻人语音的变化更快,且都向普通话靠拢,所以表现出一致的变化特点。

社会总是在发展变化的,语言作为一种社会因素也处于不断变化当中,北京作为首善之区,社会生活发生着巨大的变化,这必然带来语言上的一系列变化。上声作为北京话声调系统中唯一一个曲折调,无论对于母语者还是汉语作为第二语言的学习者都是一个难点,社会语言学的目的之一就是去发现社会生活中正在进行的变化。本章即力图通过1147个大样本的统计分析,探讨当代北京话上声调正在进行中的变化,并从语言系统外部——社会因素去解释变异的原因。

第四章　北京话不同古来源上声单字调基频模式的社会分层实验研究

　　语言处于不断变化中，语音也是不断变化的。方言声调的分化是方言语音历史演变的重要方面，语音的历史演变是共时的语音结构相互矛盾的结果（李如龙，1996）。现代汉语方言的声调是从古代汉语声调演变来的，声调的分类主要是由古四声和古声母的清浊决定的。当代北京话上声主要来源于古全清上、次清上、全浊上、次浊上和清入五类字。以往对北京话上声的研究，鲜有从上声调内部考察古来源因素在共时状态下对其特征点——起点、拐点和终点变化的影响进行探讨的。本章通过对31位母语为北京话的发音人的1147个有效样本进行语音实验和统计分析，从上声的古来源入手来考察当代北京话上声的基频模式即上声调起点音高、拐点音高、终点音高及拐点位置等方面是否有差异。主要从两个方面来探讨：一是考察不同年龄阶段与不同家庭语言背景北京人的不同古来源单音节上声调基频模式是否有区别；二是考察不同性别与不同家庭语言背景北京人的不同古来源单音节上声调基频模式是否有区别。基频模式主要从上声的起点音高、拐点音高、终点音高及拐点位置等四个角度来研究。

4.1 实验一：基于年龄与家庭语言背景的不同古来源的上声调基频模式研究

4.1.1 实验目的

考察不同年龄阶段、不同家庭语言背景的北京人所发的不同古来源的上声调，单音节上声调发声模式（起点、拐点、终点音高及拐点位置）是否有区别。

4.1.2 实验设计

本实验采用2×2×5三因素混合实验设计。

（1）自变量A：被试年龄，为被试间变量，分为两个水平，分别为50岁及50岁以上的发音人和50岁以下的发音人。

（2）自变量B：不同的家庭语言背景，为被试间变量，分为两个水平，分别为新北京人和老北京人。

（3）自变量C：不同古来源的上声，为被试内变量，分为五个水平，分别为全清上声、次清上声、全浊上声、次浊上声和清入声。

（4）因变量：被试产出上声的起点、拐点、终点音高及拐点位置。

4.1.3 被试

被试为土生土长的北京人，31位发音人按照年龄、性别和家庭语言背景做出分组，具体如下：

第四章　北京话不同古来源上声单字调基频模式的社会分层实验研究

年龄：20~29岁10人，30~39岁3人，40~49岁4人，50~59岁7人，60~69岁7人。

性别：男16人，女15人。

家庭语言背景：老北京人18人，新北京人13人。

4.1.4　实验材料

我们从包含了31位发音人的1321个单双音节的录音文本中共选取37个汉语上声音节的录音作为样本。这些字来源于古上声调，而且在普通话中仍然读上声（见附录1）。我们共得到31×37=1147个有效样本。

4.1.5　实验程序

1. 数据收集。我们把37个测试字随机分散在1321个（不含重复字）单双音节字表中，其中单音节字涵盖了阴平、阳平、上声、去声四个调，共791个（不含重复字）。被试按平时正常发音朗读音节表，要求每个音节之间停顿3秒，以避免前后音节之间的干扰。录音设备有电脑、麦克、外置声卡。

2. 基频提取。为了使所得到的基频值具有可比性，我们按调长1/30取相对百分时刻点的30个基频值，具体到上声调在某个百分时刻点的基频值不是每个测量点上单个样品的测量值，而是在这个测量点上全组样品的算术平均值。因有的发音具有低调的伴随特征——嘎裂声，所以我们提取的时候主要分为两个部分：

（1）无嘎裂声的数据：主要是通过Praat软件提取基频值，选取相应的30个点的基频。我们使用Perl程序读取每个音频数据各相对百分比时刻的30个基频值。

（2）有嘎裂声的数据：一般来说，在声道振动期间，基频曲线也应该有一些抖动，由于生理上的限制，这种抖动是有限的。我们先用一个三次曲线来拟合基频曲线。（Peng, G. & W. S. Wang, 2004）在处理有嘎裂声的数据时，我们用Praat能提取出来的那部分基频值，通过最小均方偏差（Average Square Deviation）求出拟合曲线。公式如下：

$$ASD = \frac{1}{N}\sum_{i=1}^{N}(F(i)-f(i))^2$$

其中N为用来计算拟合曲线基频点的个数，*F(i)*为第i个Praat提取的基频值，*f(i)*对应拟合曲线求出的值。用最小二乘法使ASD的值最小，求出拟合曲线。嘎裂声部分的数据根据拟合曲线求出。

3. 基频归一化。为了避免性别、年龄、家庭语言背景等外部因素带来的影响，使研究结果具有普遍性的意义，必须对研究所使用的数据进行相对化和归一化。我们采用LZ法进行归一（朱晓农，2004a）。

4. 相对化数据的统计分析。

（1）首先我们把起点音高、拐点音高和终点音高z-score值、拐点位置样本以及整体样本分别做了正态分布检验，结果基本符合正态分布。

（2）进而对起点音高、拐点音高和终点音高z-score值、拐点位置这个参数进行了三因素方差分析。

4.1.6　实验结果

不同家庭语言背景与年龄的发音人的不同古来源上声调在起点音高上的均值见表13。

第四章 北京话不同古来源上声单字调基频模式的社会分层实验研究

表 13 不同组别的发音人在起点音高上的均值

组别	老北京人		新北京人	
	50 岁及 50 岁以上	50 岁以下	50 岁及 50 岁以上	50 岁以下
次清	−0.423	−0.259	−0.160	−0.138
次浊	−0.366	−0.314	−0.013	−0.271
清入	−0.090	−0.101	−0.032	−0.171
全清	−0.219	−0.226	0.146	−0.140
全浊	−0.391	−0.127	0.018	−0.120

我们对不同家庭语言背景与年龄的发音人的不同古来源上声调在起点音高上的均值进行了三因素（新老北京人×上声类型×年龄）方差分析。结果显示，在起点音高上，新老北京人差异显著[$F(1,1113)=6.283, p<0.001$]，结合平均数可以看出，新北京人比老北京人起点音高更高；上声类型差异边缘显著[$F(1,1113)=2.287, p=0.058$]，说明不同古来源的上声在起点音高上无显著差异；年龄的主效应不显著[$F(1,1113)=0.571, p=0.450$]。新老北京人与年龄之间存在交互作用[$F(1,1113)=8.068, p<0.01$]。进一步简单效应检验表明年龄差异只在老北京人群中存在[$F(1,1116)=4.55, p<0.05$]，结合平均数可以看出，老北京人50岁以下的人群起点音高高于50岁及50岁以上人群；新老北京人的差异显现在50岁以下人群中[$F(1,1116)=4.55, p<0.05$]，50岁以下的新北京人起点音高高于老北京人；其他效应均不显著（$F<1$或者$p>0.1$）。

不同家庭语言背景与年龄发音人的不同古来源上声调在拐点音高上的均值见表14。

表 14　不同组别的发音人在拐点音高上的均值

组别	老北京人		新北京人	
	50岁及50岁以上	50岁以下	50岁及50岁以上	50岁以下
次清	-1.109	-1.601	-1.413	-1.545
次浊	-1.127	-1.430	-1.216	-1.420
清入	-0.898	-1.392	-1.298	-1.779
全清	-1.199	-1.566	-1.282	-1.590
全浊	-1.159	-1.293	-1.212	-1.428

在拐点音高上，三因素（新老北京人×上声类型×年龄）方差分析表明：新老北京人差异显著[$F(1,1113)=10.548$, $p<0.001$]，结合平均数可以看出，新北京人比老北京人更低；年龄差异显著[$F(1,1113)=52.194$, $p<0.001$]，结合平均数可以看出，50岁及50岁以上的人群比50岁以下的人群高；上声类型差异边缘显著[$F(1,1113)=2.141$, $p=0.074$]；其他效应均不显著（$F<1$或者$p>0.1$）。

不同家庭语言背景与年龄发音人的不同古来源上声调在终点音高上的均值见表15。

表 15　不同组别的发音人在终点音高上的均值

组别	老北京人		新北京人	
	50岁及50岁以上	50岁以下	50岁及50岁以上	50岁以下
次清	0.397	-0.315	-0.051	-0.507
次浊	0.200	-0.316	-0.001	-0.404
清入	0.516	-0.352	-0.036	-0.522
全清	0.433	-0.329	0.022	-0.478
全浊	0.235	-0.239	0.195	-0.432

第四章　北京话不同古来源上声单字调基频模式的社会分层实验研究

在终点音高上，三因素（新老北京人×上声类型×年龄）方差分析表明：新老北京人差异显著[$F(1,1116)=31.784$, $p<0.001$]，结合平均数可以看出，新北京人比老北京人更低；年龄差异显著[$F(1,1116)=179.142$, $p<0.001$]，结合平均数可以看出，50岁及50岁以上的人群比50岁以下的人群高；新老北京人与年龄之间存在交互作用[$F(1,1116)=3.909$, $p<0.05$]。进一步简单效应分析表明新老北京人的差异显现在50岁及50岁以上人群中[$F(1,1116)=36.27$, $p<0.001$]，年龄差异在新老北京人群体均存在[$F(1,1116)=146.70$, $p<0.001$; $F(1,1116)=60.44$, $p<0.001$]；其他效应均不显著（$F<1$或者$p>0.1$）。

不同家庭语言背景与年龄发音人的不同古来源上声调在拐点位置上的均值见表16。

表 16　不同组别的发音人在拐点位置上的均值

组别	老北京人		新北京人	
	50岁及50岁以上	50岁以下	50岁及50岁以上	50岁以下
次清	0.315	0.397	0.394	0.448
次浊	0.417	0.471	0.481	0.453
清入	0.423	0.465	0.461	0.450
全清	0.391	0.426	0.461	0.445
全浊	0.396	0.439	0.461	0.462

在拐点位置上，三因素（新老北京人×上声类型×年龄）方差分析表明：新老北京人差异显著[$F(1,1115)=31.784$, $p<0.001$]，结合平均数可以看出，新北京人比老北京人更靠后；年龄差异显著[$F(1,1115)=179.142$, $p<0.001$]，结合平均数可以看出，50岁以下的比50岁及50岁以上的靠后；上声类型差异显著[$F(1,1115)=6.330$, $p<0.001$]，进一步Tukey-HSD多重比较表明"次清"最靠前，其他4类

均比"次清"靠后（$ps<0.01$）；新老北京人与年龄之间存在交互作用 $[F(1,1115)=7.428, p<0.01]$。进一步简单效应分析表明，新老北京人差异只在50岁及50岁以上人群中存在$[F(1,1115)=29.49, p<0.001]$，50岁及50岁以上人群中，新北京人拐点位置更靠后；年龄差异只在老北京人群中存在$[F(1,1115)=15.31, p<0.001]$，老北京人50岁以下人群拐点位置更靠后；其他效应均不显著（$F<1$或者$p>0.1$）。

小结：

1. 通过实验一的统计分析和平均数模式，我们可以得到以下几点结论：（1）家庭语言背景因素上，无论新北京人还是老北京人，起点音高、拐点音高、终点音高和拐点位置上的差异都非常显著，新北京人起点音高高于老北京人，拐点音高和终点音高低于老北京人，在拐点位置上，新北京人更靠后，与年龄的交互作用分析结果显示，起点音高的年龄差异只在老北京人群中存在；（2）年龄因素在起点音高上没有显著差异，在拐点音高、终点音高以及拐点位置上均有显著差异，拐点音高50岁以下北京人低于50岁及50岁以上北京人，终点音高也是50岁以下北京人低于50岁及50岁以上北京人，拐点位置上，50岁以下人群更靠后；（3）上声类型的起点音高、拐点音高差异边缘显著，终点音高差异不显著，表明起点音高、拐点音高和终点音高在不同的上声类型中没有显著的差异，但是，拐点位置的上声类型主效应显著，表明不同的上声类型在拐点位置上有显著的差异；（4）两因素间的交互作用只存在于新老北京人与年龄间，新老北京人和年龄的交互作用显著性在起点音高、终点音高和拐点位置上存在，在拐点音高上差异不显著。

2. 家庭语言背景因素的影响：从三因素（新老北京人×上声类型×年龄）方差分析可以看出，家庭语言背景上的差异与单因素（家庭语言背景）方差分析及双因素（家庭语言背景×年龄）方差分析的结果

第四章 北京话不同古来源上声单字调基频模式的社会分层实验研究

是一致的,均为新北京人的起点音高、拐点音高高于老北京人,终点音高低于老北京人;在拐点位置上,新北京人的拐点位置更靠后。

3. 年龄因素的影响:三因素(新老北京人×上声类型×年龄)方差分析表明,年龄因素在起点音高上没有显著差异,在拐点音高、终点音高和拐点位置上差异显著,50岁以下人群比50岁及50岁以上人群拐点更低,终点更低,拐点位置更靠后;在双因素(家庭语言背景×年龄和性别×年龄)方差分析中,50岁以下的人群起点音高、拐点音高和终点音高均高于50岁及50岁以上人群,拐点位置上50岁以下人群更靠后。

4. 三个因素间的交互作用只体现在年龄和家庭语言背景上,这两个因素和上声古来源没有交互作用,这里不再讨论。

4.2 实验二:基于性别与家庭语言背景的不同古来源的上声调基频模式研究

4.2.1 实验目的

考察不同性别、不同家庭语言背景的北京人所发的不同古来源的上声调,单音节上声调发声模式(起点、拐点、终点音高及拐点位置)是否有区别。

4.2.2 实验设计

本实验采用2×2×5三因素混合实验设计。

(1)自变量A:被试性别,为被试间变量,分为两个水平,分别为男性和女性。

(2)自变量B:不同的家庭语言背景,为被试间变量,分为两个水平,分别为新北京人和老北京人。

(3)自变量C:不同古来源的上声,为被试内变量,分为五个水平，分别为全清上声、次清上声、全浊上声、次浊上声和清入声。

（4）因变量：被试产出上声的起点、拐点、终点音高及拐点位置。

4.2.3 被试

同实验一。

4.2.4 实验材料

同实验一。

4.2.5 实验程序

同实验一。

4.2.6 实验结果

不同家庭语言背景与性别的发音人的不同古来源上声调在起点音高上的均值见表17。

表17 不同组别的发音人在起点音高上的均值

组别	老北京人		新北京人	
	男性	女性	男性	女性
次清	-0.363	-0.251	-0.272	-0.113
次浊	-0.353	-0.297	-0.204	-0.104
清入	-0.090	-0.114	-0.230	-0.056
全清	-0.209	-0.259	0.154	-0.026
全浊	-0.232	-0.211	0.0443	-0.074

我们对不同家庭语言背景与性别的发音人的不同古来源上声调在起点音高上的均值进行了三因素（新老北京人×上声类型×性别）方

第四章 北京话不同古来源上声单字调基频模式的社会分层实验研究

差分析。结果显示,新老北京人差异显著$[F(1,1113)=8.450, p<0.01]$,结合平均数可以看出,新北京人比老北京人起点音高更高;上声类型差异边缘显著$[F(1,1113)=2.236, p=0.063]$,说明不同来源的上声在起点音高上无显著差异;其他效应均不显著($F<1$或者$p>0.1$)。

不同家庭语言背景与性别发音人的不同古来源上声调在拐点音高上的均值见表18。

表 18 不同组别的发音人在拐点音高上的均值

组别	老北京人		新北京人	
	男性	女性	男性	女性
次清	-1.368	-1.431	-1.438	-1.485
次浊	-1.321	-1.220	-1.232	-1.330
清入	-1.215	-1.078	-1.402	-1.556
全清	-1.439	-1.334	-1.303	-1.459
全浊	-1.298	-1.014	-1.206	-1.346

在拐点音高上,三因素(新老北京人×上声类型×性别)方差分析表明:新老北京人差异显著$[F(1,1113)=4.104, p<0.05]$,结合平均数可以看出,新北京人比老北京人拐点音高更低;上声类型差异显著$[F(1,1113)=2.401, p<0.05]$,进一步Tukey-HSD多重比较表明只有"全浊"和"全清"差异边缘显著$[p=0.081]$,其他均不显著;新老北京人与性别之间存在交互作用$[F(1,1113)=5.095, p<0.05]$。进一步简单效应分析表明新老北京人差异只在女性群体存在$[F(1,1113)=9.28, p<0.01]$,结合平均数可以看出,女性的新北京人比老北京人拐点更低;而性别差异只在新北京人群体存在$[F(1,1113)=6.28, p<0.05]$,结合平均数可以看出,女性比男性更低;其他效应均不显著($F<1$或者$p>0.1$)。

不同家庭语言背景与性别发音人的不同古来源上声调在终点音高上的均值见表19。

表19　不同组别的发音人在终点音高上的均值

组别	老北京人		新北京人	
	男性	女性	男性	女性
次清	0.060	−0.162	−0.025	−0.333
次浊	−0.046	−0.182	0.102	−0.269
清入	0.097	−0.165	−0.130	−0.300
全清	0.047	−0.154	0.113	−0.302
全浊	0.032	−0.093	0.231	−0.198

在终点音高上,三因素(新老北京人×上声类型×性别)方差分析表明:性别差异显著[$F(1,1116)=23.371, p<0.001$],结合平均数可以看出,女性终点音高低于男性;其他效应均不显著($F<1$或者$p>0.1$)。

不同家庭语言背景与性别发音人的不同古来源上声调在拐点位置上的均值见表20。

表20　不同组别的发音人在拐点位置上的均值

组别	老北京人		新北京人	
	男性	女性	男性	女性
次清	0.348	0.394	0.367	0.434
次浊	0.437	0.474	0.411	0.487
清入	0.421	0.516	0.428	0.464
全清	0.401	0.437	0.421	0.463
全浊	0.418	0.428	0.430	0.471

第四章　北京话不同古来源上声单字调基频模式的社会分层实验研究

在拐点位置上，三因素（新老北京人×上声类型×性别）方差分析表明：上声类型差异显著[$F(1,1115)=5.109$, $p<0.001$]，进一步进行Tukey-HSD多重比较发现"次清"比其他四类位置靠前($ps<0.01$)；性别差异显著[$F(1,1115)=20.455$, $p<0.001$]，结合平均数可以看出，女性比男性的拐点位置更靠后；其他效应均不显著（$F<1$）。

小结：

1. 通过实验二的统计分析和平均数模式，我们可以得到以下几点结论：（1）新老北京人在起点音高、拐点音高上的差异都非常显著，新北京人起点音高高于老北京人，拐点音高低于老北京人，在终点音高和拐点位置上没有显著差别；（2）性别因素在起点音高和拐点音高的主效应不显著，但在终点音高和拐点位置上的主效应显著，表明不同性别在起点音高和拐点音高上没有显著的差异，终点音高和拐点位置有显著的差异，女性终点音高低于男性，拐点位置上，女性比男性更靠后；（3）在上声类型上，终点音高差异不显著，起点音高差异边缘显著，拐点音高边缘显著，拐点位置的主效应显著，表明起点音高、拐点音高和终点音高在不同的上声类型中没有显著的差异，拐点位置上有显著的差异；（4）两因素间的交互作用只存在于新老北京人与性别间，新老北京人和性别的交互作用显著性只存在于拐点音高上，在起点音高、终点音高和拐点位置上均不存在。

2. 家庭语言背景的影响：从三因素（新老北京人×上声类型×性别）方差分析可以看出，家庭语言背景对上声调的影响没有单因素和双因素方差分析那么显著，家庭语言背景仅在起点音高和拐点音高上有显著性差异，表现为新北京人的起点音高高于老北京人，拐点音高低于老北京人，这一点和单因素（家庭语言背景）方差分析及双因素（家庭语言背景×性别）方差分析的结果是一致的，在终点音高和拐点位置上没有显著差异。

3. 性别因素的影响：在三因素（新老北京人×上声类型×性别）方差分析中，性别因素对上声调的影响没有单因素和双因素方差分析那么显著，仅在终点音高上有显著性差异，女性终点音高低于男性，这和单因素（性别）方差分析及双因素（家庭语言背景×性别）方差分析的结果是一致的。

4. 上声调古来源因素在起点音高上边缘显著，拐点音高和终点音高显示差异不显著，在拐点位置上差异极其显著，结合平均数可以看出，次清上声组拐点位置最靠前。

5. 三个因素间的交互作用只在拐点音高上有所显现，且交互作用体现在性别和家庭语言背景上，这两个因素和上声古来源没有交互作用，这里不再讨论。

4.3 结论与讨论

语音的历史演变是共时的语音结构相互矛盾的结果，北京话声调也经历了发生发展的过程。北京话上声字来源于古代，为了探讨北京话声调中正在进行的语音变化，我们把上声调从内部又分为全清上声字、次清上声字、全浊上声字、次浊上声字和清入字五组。本章以31个母语为北京话的发音人所发的1147个北京话常用上声字为研究对象，通过两个三因素（新老北京人×上声类型×年龄和新老北京人×上声类型×性别）方差实验，来分析探讨上声的古来源与社会身份对上声调的基频模式的影响。具体考察不同年龄、性别及家庭语言背景的北京人所发的不同古来源上声的基频模式的差异，主要从上声起点、拐点、终点音高及拐点位置等角度来考察。我们发现：上声调的不同古来源对拐点位置有显著影响，来源于次清声母的上声拐点位置比其他来源的上声位置靠前。

第四章　北京话不同古来源上声单字调基频模式的社会分层实验研究

从以上结论我们可以看出，从上声的古来源来进行分组是有意义的。这样可以使我们更容易捕捉到那些正在进行的细微的语音变化。它不仅使我们"可以看到过去的语音变化所留下的痕迹，也可以看到未来的语音变化将怎样进行的线索"（石锋，1992）。

4.4 关于北京话上声调基频模式的综合讨论

很多研究表明，上声因为其在北京话声调系统中是唯一的一个曲折调，所以无论对母语者（Liu，2004）还是留学生（李倩、曹文，2007；王韫佳、李美京，2011等）都是一个难点。历来对上声的讨论颇多，在上声拐点的问题上大家认识比较一致，认为其是上声区别于其他声调的特征点；起点和终点争议比较大。石锋、王萍（2006a）首次提出了"稳态段"和"动态段"理论，指出："数据集中的测量点跟数据离散的测量点对于声调的区分作用是不一样的""数据集中的测量点（跨度较小的点）对于声调区分的贡献较大，更多地承载着声调的调位信息，它的分布范围受到严格的制约，可以成为声调特征点""上声的声调特征点是折点""那些数据离散度较大的测量点（跨度较大的点）对于声调区分的贡献较小，承载的调位信息也少，因此它的分布范围比较宽泛"，比如"上声的起点和终点"。在对外汉语教学界，争论的焦点在于，在教学中起点和终点是否必要，比如终点的研究，即使是同一研究者，实验不同，得出的结果也有出入，如王韫佳、李美京（2010）认为上声的终点音高在自然语言中并不稳定，升尾甚至是可有可无的。王韫佳、覃夕航（2012）又指出当拐点比较靠后，即下降部分时长够长的情况下，高终点使得上声的辨认率提高。到底为什么会出现这样的结果？这种争议和矛盾引起我们的思考。

本研究考察了上声调起点、拐点和终点基频的标准差（见表21），发现上声的拐点基频的标准差并非如石锋、王萍（2006a）所说的"是数据集中的测量点"，那上声的拐点还是不是其声调的特征点？同时，本研究还发现上声的终点并不是可有可无的。下面将结合北京话上声调基频模式研究的8个实验对以上两个问题做以下探讨：

1.关于拐点是否是上声调的稳定段。

上声最重要的特征是"低"，主要是通过拐点表现出来的，这一点毋庸置疑。结合后面的五六两章的研究可以看出，拐点部分确实是上声调区别于其他调的特征点，但我们认为，拐点作为上声调区别于其他声调的特征点，不单单体现在基频模式上，也有发声方式上的补偿作用。基频模式和发声特点都是拐点成为上声特征点的重要线索，两者相互作用。我们以年龄因素对当代北京话上声调的影响为例来说明这个问题。下表为不同年龄段发音人的起点音高、拐点音高、终点音高的标准差：

表21 不同年龄段发音人在起点音高、拐点音高、终点音高上的标准差

年龄	起点音高	拐点音高	终点音高
20~29 岁	0.483	0.746	0.467
30~39 岁	0.59	0.577	0.461
40~49 岁	0.578	0.605	0.612
50~59 岁	0.56	0.501	0.525
60~69 岁	0.993	0.662	0.999

第四章 北京话不同古来源上声单字调基频模式的社会分层实验研究

根据表21，我们归纳出下表：

表22 不同年龄段标准差极值表现

年龄	最大	最小
20~29岁	拐点	终点
30~39岁	起点	终点
40~49岁	终点	起点
50~59岁	起点	拐点
60~69岁	终点	拐点

标准差反映的是一组数据的离散程度，标准差小，说明这组数据离散度小，稳定性高，标准差大，说明这组数据离散度大，稳定性差。从表21、表22可以看到，只有50~59岁和60~69岁两个年龄段的拐点标准差最小，其余三个组都不是。即使是拐点数据标准差最小的50~59岁和60~69岁两个年龄段，其数值也都大于0.5的相对界限。20~29岁年龄段拐点的标准差最大，为0.75，而起点和终点音高的标准差分别为0.48和0.47，则小于0.5的相对界限。说明这个年龄段拐点音高数据离散度最大。

这是不是说明对于我们的发音人来说，拐点就不是上声的主要特征点了呢？其实不是。我们可以从以下两方面来解释：

第一，从声调的发声机制角度来讲，发声类型在声调语言中具有重要的作用。江荻（1998）认为声调的音高变化是由声带振动所产生的基音频率F0决定的，但是制约声带振动频率的因素则是发音者对声带松紧以及声门压力等状态的调控。这种调控所导致的结果则是形成不同的声源性质和/或声源状态。孔江平（2001）指出"在言语声学平面，任何一种语言都存在不同的发声类型""一个完整准确的声调系统至少要用基频、开商和速度商来定义"。我们在第五章讨论了上声调发音时经常伴随的低调特征——嘎裂声。这种发声态在不同年龄人群中的分布规律为：随着年龄的增加，嘎裂声出现的比例越来越低，20~29岁这组人群的嘎裂声出现比例最高。而第六章我们通过对不同古来源上声调发声模式的描写也发现，在拐点位置，开商很小而速度商很大，反映出低调的特征。所以虽然从基频数据看，同一年龄段拐点部分的数据离散性大，但在嗓音特征上有补偿。"低"是上声调的表面特征，拐点部分的声带振动的快慢（基频）及声带振动方式（开商和速度商）则是上声调的隐性特征，两者在一起构成了上声拐点的特性。

第二，对数据进行归一化的方法不同导致结论的不同。

我们先来看什么是标准差。简单来说，标准差是一组数据平均值分散程度的一种度量。一个较大的标准差，代表大部分数值和其平均值之间差异较大；一个较小的标准差，代表这些数值较接近平均值。石锋、王萍（2006a）在研究北京话中用的是T值方法，具体的公式是T=5(lgx-lgb)/(lga-lgb)。其中，a为调域上限，b为调域下限，x为a和b之间的测量点，所得T值就是x点的五度值参考标度（石锋，1986）。根据公式计算的T值取值范围只能在0—5之间。

本研究使用的归一法是LZ的方法，公式为：$LZ_i=(y_i-m_y)/S_y$（朱晓农，2004a），其中y_i为测量点基频数的对数值，m_y是y_i (i=1,2,…,n)的算术平均值，S_y是y_i (i=1,2,…,n)的标准差。从理论上讲，LZ-Score的值往往在-3和3之间，我们的标准化数据取值范围比T值范围大，所以计算出的标准差范围也大，0.5的数值指标对本研究不适用。

我们从上表的数据看不出稳定态，尤其是年轻的两组，拐点的标准差最大，说明离散性最强。这引起我们的思考：对于上声来说，最重要的特性是低，这一点是稳定的，但这个稳定的特点如何来体现？

第四章　北京话不同古来源上声单字调基频模式的社会分层实验研究

稳定态的理论是对上声音高T值标准差的总结与讨论，我们觉得稳定段确实存在，但用什么方法来界定要重新考虑，除了标准差的大小，可能还有其他的一些标准值得我们去探讨。

2. 上声调的终点是否可有可无。

我们以年龄因素、性别因素和家庭语言背景对当代北京话上声调的影响为例，参照单因素方差分析实验结果，按照有无显著差异做下表，其中"+"为有显著差异，"-"为无显著差异。

表23　各考察点有无显著性差异表

影响因素	起点音高	拐点音高	终点音高	拐点位置
年龄	+	+	+	+
性别	+	-	+	+
家庭语言背景	+	-	+	+

上表显示，不同人群所发的上声调的起点和终点有显著差异，结合标准差可以看出，起点、拐点和终点的数据在分散度上没有一致性的表现。大家的争论焦点多集中在终点上，本章研究结果表明，对于上声来说，终点不是可有可无的。

这可以通过以下四个方面来说明：

第一，通过本章实验研究，我们发现北京话上声终点在不同类的母语人群中存在显著差异，说明终点对于不同人群所发的上声调是一种客观存在，是上声调的一种固有属性，不是可有可无的。

第二，单字调的发音。单字调发音有两种情况：一是正常嗓音发声，很多研究表明，上声调在句尾、句中停顿和单念时发的是214调（凌锋、王理嘉，2003），从上声的发音过程来看，声带从自然的状态平滑地降到音域的最低点发出低音，再回复到自然状态并没有停止,而是继续上升,完成一个完整的上声发音过程,这说明终点在单字调上声发音上是发得很饱满的,终点也很高;二是带有低调的伴随发声态——嘎裂声,发上声时,很多人为了发出拐点的低,甚至出现了不同的发声态——嘎裂声,而"嘎裂声的作用其实就是用压到超低调的方式来突显后半截正常调的'高',因为嘎裂声本身是在基频极低的情况下发出的,一旦嘎裂声消失,声带振动频率恢复正常,基频就会升高,这时,即使基频的绝对值不高,相对于嘎裂声而言,也会显得很高"(朱晓农、寸熙,2003),虽然嘎裂声是发音人的目标,但从听感上来说却是强调上声末尾的存在。

第三,语流中的相关研究也表明终点作为母语者上声调的客观存在并非可有可无,其在语流中发挥的作用也不断被揭示。凌锋、王理嘉(2003)指出"上声后跟的轻音节的音高比其他三个调高,很多人都认为是承载了上声调的高尾巴",同时人们在研究句子焦点问题时发现,句子焦点会压抑后面句子的音高,但焦点为上声调字时,焦点后的字没有像其他声调的字做焦点时那样音高降低,反而有点上升,这是因为上声调调尾的高和这个压抑效应互相作用,使得焦点后面的字音高变化不是那么大。说明在语流中,上声终点依然在起作用。

第四,听者对上声的识别加工机制也说明上声终点不是可有可无的。McClelland & Elman(1986)关于言语感知的TRACE模型认为:语音识别加工在一开始就有自上而下的信息参与。这也可以解释为什么不同人群上声发音上有显著性差异,而听者听起来却都是上声这个问题。我们想,这当然不是因为发音人发的都是标准上声,而是听者的识别加工过程中在一开始就有自上而下的信息参与。这个自上而下的信息往往不是单线索而是多线索的,当需要识别的信息中的一个线索缺失时,听者可以用其他的线索来补偿。李泽卿(2014)分别采取改变起点、拐点、终点,另外两点不变的方法,考察这三个点的音高

第四章 北京话不同古来源上声单字调基频模式的社会分层实验研究

对感知的作用,研究显示:母语者对起点、拐点和终点音高都很敏感,但这三个点一般不是独立起作用,而是相互间补偿的。这都说明对于上声调来说,起点、拐点和终点是一个系统中不可分割的三个因素,不可偏废。

音变本身是时常发生,并且是缓慢进行的,而另一方面,重新形成的音位在感觉上是绝对突然产生的,那种认为我们可以通过直接观察发现这种突然变化的想法是没有道理的。(Hockett,1958)所以无论从实验语音学的角度,还是社会语言学的角度及应用学科的角度,我们都要科学严谨地对待上声调在不同人群中的这些差异,不能因为没有音位的差别就忽视它。

第五章　北京话上声单字调嗓音状况的社会分层实验研究

　　声调与发声态有一定关系，发声带振动的浊声母音节时音高较低，反之发声带不振动的清声母音节时音高较高。卡福（Catford，1964、1977）和拉佛（Laver，1980）将发声态分为二十多种。Ladefoged & Maddieson（1996）提出八种发声态：从声带振动时的喉门开闭大小分为五种——气声、弛声、常态浊音、僵声、嘎裂声；声带不振动时三种——清声（不送气）、送气、喉闭态（喉塞音）。朱晓农（2015）研究发现了14种发声态：假声、前喉塞/内爆音、喉塞尾/喷音、张声嘎裂、送气、弱送气、不送气、喉堵态、嘎裂声、弱僵声、常态带声、带弛、（清）弛声、弱弛。对汉语上声而言，嘎裂声是低调中经常出现的一种发声态。

　　对嘎裂声在声调发声中作用的研究，过去多出现在汉语南方方言

第五章　北京话上声单字调嗓音状况的社会分层实验研究

的讨论中,而在北方话中,只是近几年才有学者关注。朱晓农、杨建芬(2010)以30多个河北省方言,同时辅以10个周边方言的材料,指出嘎裂声普遍存在于官话中。这是第一次比较集中地讨论北方话中嘎裂声的问题。此前一些文章零星地提到北京话的上声也带有非音位性的伴随嘎裂声:孔江平(2001)指出,汉语普通话的上声在声调最低处,常常出现气泡音(vocal fry),这种发音特征在声音波形上主要表现为周期的不规则性;Keating & Esposito(2006)指出,汉语普通话四声中伴随低调(包括上声的低调部分)往往会伴随嘎裂声(creaky voice)特征的出现;朱晓农等(2010、2012)认为上声的凹调不仅是一个音高现象,很多人在发北京话时也常常带嘎裂声;李倩、曹文(2007),李晟熏、李爱军(2008),杨若晓(2009),韦丽平(2012)从听辨的角度说明发音信息(嘎裂声)无论对母语者还是第二语言学习者识别上声都有着非常重要的影响。

以上研究都只是提到了北方话包括北京话声调中有时会带有嘎裂声,并没有涉及嘎裂声的分布特点及影响因素。本章通过32个母语为北京话的发音人所发的1184个北京话常用上声字的标注和分析,从年龄、性别和家庭语言背景三个维度对北京话上声调现阶段的共时特征进行细致描写,分析嘎裂声在不同人群中的分布及影响因素;同时考察上声调的古来源与嘎裂声的分布特征的关系。针对上述研究目的,本章拟从以下四个方面来探讨:一是考察年龄因素对北京话上声调中嘎裂声分布的影响;二是考察性别因素对北京话上声调中嘎裂声分布的影响;三是考察家庭语言背景对北京话上声调中嘎裂声分布的影响;四是考察上声古来源对北京话上声调中嘎裂声分布的影响。

5.1 实验一：年龄对北京人上声调中嘎裂声的影响

5.1.1 实验目的

考察不同年龄段的北京人，单音节上声调中嘎裂声的分布是否有区别。

5.1.2 实验设计

本实验采用单因素被试间实验设计。

（1）自变量：被试年龄，为被试间变量，分为五个水平，分别为：20~29岁，30~39岁，40~49岁，50~59岁，60~69岁。

（2）因变量：不同年龄段被试上声调中嘎裂声启动时刻占声调核时长的比例均值（CS_R），每一个组中嘎裂音个数的百分比（CN_R）及嘎裂音嘎裂部分时长占声调核时长的比例（CD_R）。

5.1.3 被试

本实验共有发音人32位，均为在北京出生、生活的北京人，发音听力都很正常。发音人按年龄分成五组，20~29岁11人，30~39岁3人，40~49岁4人，50~59岁7人，60~69岁7人。

5.1.4 实验材料

今北京话上声来源于古全清上、次清上、全浊上、次浊上和清入五类字，因此，我们的研究材料可按此分为五类：

（1）古全清上声字，包括（共14字）：粉，岛，等，比，好，补，短，假，走，响，底，纸，古，把；

（2）古次清上声字，包括（共6字）：讨，纺，普，口，草，楚；

（3）古全浊上声字，包括（共6字）：挺，腐，缓，很，俭，辅；

（4）古次浊上声字，包括（共7字）：老，女，马，买，五，痒，有；

第五章　北京话上声单字调嗓音状况的社会分层实验研究

（5）古清入字，包括（共4字）：笔、脚、尺、铁。

测试字为普通话上声的单字常用字，从《方言调查字表》中的古上声字和今读为上声的清入字中选取，并且在现代普通话中能够单说，共37个字。录音时，测试字随机分散在1321个（不含重复字）单双音节字表中，其中单音节字涵盖了阴平、阳平、上声、去声四个调，共791个（不含重复字）。

5.1.5 实验程序

1. 语料收集

录音设备有IBM笔记本电脑、Creative外接声卡、Sony话筒、调音台、美国KAY公司生产的电子声门仪（EGG）。录音软件为Adobe Audition 2.0，录音采样率44100Hz，解析度16位，用SONY-ECM话筒采集语音信号。对录完后的样本进行处理，主要是使用Adobe Audition 2.0软件切音。

2. 标注

2名语音研究人员用Praat软件对字表中的字做了标注并核对。

（1）音调层：声调核

声调的起点从韵腹的起点算起，在语图上从元音的第二个脉冲算起；终点定在窄带语图的基频峰点处（朱晓农，2010），如图8的AD段。

（2）嘎裂音层：嘎裂音边界标注

嘎裂音发声时，声带强烈地往中央收缩，声带变得又短又厚，所以频率极低，远远低于发音人声域的最低限，声带振动时很不规则，所以有时无法测到基频，或者测到也不规则，忽高忽低，时有时无。表现在基频曲线上就是中间折断了（朱晓农，2009），如图8的BC段。

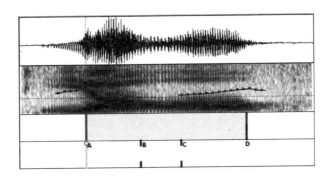

图8 标注sample（同图4）

3.参数提取与处理

提取的参数有：

（1）D：声调核的时长（图8中AD段时长）；

（2）CD：嘎裂音层嘎裂部分的时长（图8中BC段时长）；

（3）CS_R：嘎裂部分启动时刻占声调核时长的比例（图8中AB段时长比AD段时长）；

（4）CD_R：嘎裂音嘎裂部分时长占声调核时长的比例（图8中BC段时长比AD段时长）。

得到声调核时长以及嘎裂声的相关参数，根据研究目标的需要，进行如下运算：

CN_R：在每一个组中嘎裂音个数的百分比。公式为：

$$CN\_R_i = \frac{N_{g\_i}}{N_i} \quad (1)$$

其中"N_i"为第i组所有音频的个数，下同。

CS_RM：嘎裂部分启动时刻占声调核时长的比例（CS_R）的均

第五章 北京话上声单字调嗓音状况的社会分层实验研究

值。公式为：

$$CS\_RM_i = \frac{S_{cs\_i}}{N_{g\_i}} \quad (2)$$

其中"i"在考察年龄分组时取值为1，2，3，4，5，在考察性别因素的时候取值为1，2，"i"的取值下同。"S_{cs_i}"为第i组所有CS_R的和，"N_{g_i}"为第i组有嘎裂声的嘎裂音个数，下同。

CD_RR：嘎裂音嘎裂部分时长的相对率。公式为：

$$CD\_RR_i = \frac{S_{cd\_i}}{N_i} \quad (3)$$

其中"S_{cd_i}"为第i组CD_R的和。

自此，我们得到了每个音节关于嘎裂声的相关参数，以此来观察年龄因素对北京话上声调中嘎裂声分布的影响。

5.1.6 实验结果

本实验主要是通过分析5个不同水平年龄段发音人在CN_R、CS_R和CD_R上的差异，来观测年龄因素对上声调中嘎裂声分布的影响。为了考察不同年龄段的人在嘎裂音个数上的差别，我们在表24列出了不同年龄段人群发的嘎裂音个数的平均数和标准差。

表24 不同年龄段发音人在CN_R上的字数、均值及标准差

组别	字数	平均数	标准差
20~29 岁	256	0.755	0.132
30~39 岁	68	0.719	0.272
40~49 岁	74	0.592	0.256
50~59 岁	73	0.322	0.241
60~69 岁	57	0.291	0.248

对各年龄段在CN_R上的影响进行单因素方差分析,结果表明年龄的主效应显著[$F(4, 132)=51.487$,$p<0.001$]。进一步LSD多重比较发现,除了20~29岁和30~39岁之间、50~59岁和60~69岁之间无显著差异,其余年龄段之间均有显著差异($ps<0.05$)。结合表24平均数,我们可以清楚地看出,大部分40岁以下的发音人倾向于发嘎裂声,40~49岁的人发嘎裂声的较年轻人少很多,50岁及50岁以上的发音人中,仅三分之一左右的人发嘎裂声。

为了考察年龄因素对每组中嘎裂音个数的影响,我们在表25列出了不同年龄段人群在嘎裂声启动时刻上的平均数和标准差。

表25 不同年龄段发音人在CS_R上的字数、均值及标准差

组别	字数	平均数	标准差
20~29 岁	256	0.177	0.161
30~39 岁	68	0.182	0.144
40~49 岁	74	0.174	0.135
50~59 岁	73	0.183	0.174
60~69 岁	57	0.179	0.142

对各年龄段在CS_R上的影响进行单因素方差分析,结果表明CS_R在各年龄段之间没有显著性差异($F<1$)。在此我们不再讨论。

类似地,为了对CD_R在不同年龄段的情况进行分析,表26列出了不同年龄段的人在嘎裂声时长比例上的平均数和标准差。

表26 不同年龄段发音人在CD_R上的字数、均值及标准差

组别	字数	平均数	标准差
20~29 岁	256	0.326	0.161
30~39 岁	68	0.301	0.189

续表

组别	字数	平均数	标准差
40~49 岁	74	0.273	0.191
50~59 岁	73	0.128	0.174
60~69 岁	57	0.106	0.187

对各组进行单因素方差分析，结果表明嘎裂声时长所占比例在各年龄段之间存在显著性差异[$F(4,621)=5.311$，$p<0.05$]。进一步LSD多重比较发现20~29岁组与60~69岁组差异显著（$p<0.05$），40~49岁组与50~59岁组，以及与60~69岁组也存在显著差异（$ps<0.01$），其他组之间的差异均不显著（$ps>0.05$）。结合表26平均数可以看出，随着年龄的增长，嘎裂声的时长呈现下降趋势。

综上，CS_R在不同的年龄段上的差异不显著（$p>0.05$），CN_R和CD_R在不同的年龄段上差异显著（$ps<0.05$）。这说明年龄因素对是否发嘎裂音以及嘎裂音中嘎裂声的时长影响显著，但对嘎裂声的启动时刻影响不显著。结合表25和表26我们可以看出，随着年龄的增长，CN_R和CD_R呈现一个渐变的模式，总体来看，都是随着年龄增长呈逐渐降低的趋势。但是在不同年龄段内变化的速度或者说不同年龄段内的稳定性是不一样的：20~29岁和30~39岁基本保持稳定，平均数差异不显著；50~59岁和60~69岁也基本保持稳定，平均数差异也不明显；40~49岁是一个变化比较凸显的年龄段。

5.2 实验二：性别对北京话上声调中嘎裂声的影响

5.2.1 实验目的

考察性别因素对北京话上声调中嘎裂声分布的影响。

5.2.2 实验设计

本实验采用单因素被试间实验设计。

（1）自变量：被试性别，为被试间变量，分为两个水平，分别为男性和女性。

（2）因变量：不同性别被试上声调中嘎裂声启动时刻占声调核时长的比例（CS_R），每一个组中嘎裂音个数的百分比（CN_R）及嘎裂音嘎裂部分时长占声调核时长的比例（CD_R）。

5.2.3 被试

本实验共有发音人32位，均为在北京出生、生活的北京人，发音听力都很正常。发音人按性别分成两组。

5.2.4 实验材料

同实验一。

5.2.5 实验程序

同实验一。

自此，我们得到了每个音节关于嘎裂声的相关参数，以此来观察性别因素对北京话上声调中嘎裂声分布的影响。

5.2.6 实验结果

本实验主要是通过分析不同性别的发音人在CN_R、CS_R和CD_R上的差异，来观测性别因素对上声调中嘎裂声分布的影响。不同分组中的相关参数的具体值见表27。

第五章 北京话上声单字调嗓音状况的社会分层实验研究

表 27　不同性别发音人各参数的平均数和标准差

组别	男性	女性
CN_R	0.395 (0.318)	0.650 (0.291)
CS_R	0.175 (0.143)	0.185 (0.115)
CD_R	0.160 (0.179)	0.289 (0.176)

对CN_R进行性别差异的独立样本t检验发现，性别差异显著[$t(30)=2.452, p<0.05$]，说明性别对CN_R影响比较显著。结合上表的平均数，我们发现，女性比男性更频繁地发嘎裂音。

对CS_R进行性别差异的独立样本t检验发现，性别差异不显著[$t(624)=0.856, p>0.1$]，说明性别对CS_R的影响不显著。

对CD_R进行性别差异的独立样本t检验发现，性别差异显著[$t(624)=-46.70, p<0.001$]，说明性别因素对嘎裂声时长是有显著影响的。结合平均数可以看出，女性嘎裂声时长所占的比例比男性大。

综上，CS_R在不同性别上的差异不显著，CN_R和CD_R在不同性别上差异显著。这说明性别因素对嘎裂声时长和个数（CN_R）是有显著影响的，但是对嘎裂声启动时刻的影响不显著。

5.3　实验三：家庭语言背景对北京话上声调中嘎裂声的影响

5.3.1　实验目的

考察家庭语言背景因素对北京话上声调中嘎裂声分布的影响。

5.3.2　实验设计

本实验采用单因素被试间实验设计。

（1）自变量：被试家庭语言背景，为被试间变量，分为两个水平，分别为老北京人家庭和新北京人家庭。

（2）因变量：来自不同家庭语言背景的被试上声调中嘎裂声启动时刻占声调核时长的比例（CS_R），每一个组中嘎裂音个数的百分比（CN_R）及嘎裂音嘎裂部分时长占声调核时长的比例（CD_R）。

5.3.3 被试

本实验共有发音人32位，均为在北京出生、生活的北京人，发音听力都很正常。发音人按家庭语言背景分成两组，分别是老北京人组（18人）和新北京人组（14人）。

5.3.4 实验材料

同实验一。

5.3.5 实验程序

同实验一。

自此，我们得到了每个音节关于嘎裂声的相关参数，以此来观察家庭语言背景因素对北京话上声调中嘎裂声分布的影响。

5.3.6 实验结果

本实验主要是通过分析在两个不同水平的家庭语言背景组中CN_R、CS_R和CD_R的差异，来观测家庭语言背景因素对上声调中嘎裂声分布的影响，不同分组中嘎裂音个数的百分比（CN_R）的均值分布、嘎裂部分启动时刻占声调核时长的比例（CS_R）的均值分布以及嘎裂音嘎裂部分时长占声调核时长的比例（CD_R）的均值分布见表28。

表28 不同家庭语言背景发音人各参数的平均数和标准差

组别	新北京人	老北京人
CN_R	0.622(0.333)	0.465(0.301)
CS_R	0.193(0.076)	0.195(0.083)
CD_R	0.446(0.148)	0.393(0.158)

对CN_R进行家庭语言背景的独立样本t检验发现，家庭语言背景的差异显著[t(593)=6.581, p<0.05]，说明家庭语言背景因素对嘎裂音个数有显著影响。结合表28的平均数可以看出，新北京人所发的上声中出现嘎裂音的比例高于老北京人。

对CS_R进行家庭语言背景的独立样本t检验发现，家庭语言背景的差异不显著[t(593)=-0.492, p>0.1]，说明家庭语言背景因素对嘎裂声启动时刻无显著影响。

对CD_R进行家庭语言背景的独立样本t检验发现，家庭语言背景的差异显著[t(593)=2.290, p<0.05]，说明家庭语言背景因素对嘎裂声时长有显著影响。结合表28的平均数可以看出，新北京人嘎裂声的时长明显比老北京人长。

综上，CS_R在不同的家庭语言背景上的差异不显著，CN_R和CD_R在不同的家庭语言背景上差异显著。这说明家庭语言背景因素对嘎裂声时长及嘎裂音个数是有显著影响的，但是对嘎裂声启动时刻的影响不显著。

5.4 实验四：年龄和性别对北京话上声调中嘎裂声的影响

5.4.1 实验目的

考察年龄和性别因素对北京话上声调中嘎裂声分布的影响。

5.4.2 实验设计

本实验采用两因素被试间实验设计。

（1）自变量A：被试年龄，为被试间变量。年龄的设置同第三章实验四，分为两个水平，分别为50岁及50岁以上的发音人和50岁以下的发音人。

（2）自变量B：被试性别，为被试间变量，分为两个水平，分别为女性和男性，其中男女各16名。

（3）因变量：不同年龄与性别被试上声调中嘎裂声启动时刻占声调核时长的比例（CS_R），每一个组中嘎裂音个数的百分比（CN_R）及嘎裂音嘎裂部分时长占声调核时长的比例（CD_R）。

5.4.3 被试

本实验共有发音人32位，均为在北京出生、生活的北京人，发音听力都很正常。发音人按年龄与性别分组。

5.4.4 实验材料

同实验一。

5.4.5 实验程序

同实验一。

自此，我们得到了每个音节关于嘎裂声的相关参数，以此来观察年龄和性别因素对北京话上声调中嘎裂声分布的影响。

5.4.6 实验结果

本实验主要是通过分析不同年龄、不同性别的发音人在CN_R、

第五章 北京话上声单字调噪音状况的社会分层实验研究

CS_R和CD_R上的差异,来观测年龄和性别因素对上声调中嘎裂声分布的影响。我们分别在表29、表30、表31列出了不同年龄、不同性别的发音人在CN_R、CS_R和CD_R上的均值和标准差。

表29 不同年龄和不同性别的发音人在CN_R上的平均数和标准差

性别	50岁及50岁以上	50岁以下
男	0.201(0.186)	0.538(0.280)
女	0.638(0.280)	0.744(0.253)

我们对CN_R进行两因素(年龄×性别)方差分析,结果表明:年龄的主效应显著$[F(1, 29)=15.488, p<0.01]$;性别因素的主效应显著,$[F(1, 29)=6.829, p<0.05]$;年龄和性别因素的交互作用不显著$[F(1, 29)=1.634, p=0.211>0.05]$。

表30 不同年龄和不同性别的发音人在CS_R上的平均数和标准差

性别	50岁及50岁以上	50岁以下
男	0.191(0.168)	0.201(0.128)
女	0.188(0.104)	0.163(0.124)

我们对CS_R进行两因素(年龄×性别)方差分析,结果表明:年龄因素的主效应不显著$[F(1, 622)=0.386, p>0.1]$;性别因素的主效应不显著$[F(1, 622)=2.996, p=0.084>0.05]$;年龄和性别因素的交互作用不显著$[F(1, 622)=2.223, p=0.136>0.05]$。这表明性别和年龄对CS_R的影响均不显著,所以不再讨论。

表 31　不同年龄和不同性别的发音人在 **CD_R** 上的平均数和标准差

性别	50岁及50岁以上	50岁以下
男	0.395 (0.197)	0.387 (0.159)
女	0.391 (0.169)	0.477 (0.171)

同样，我们对CD_R进行两因素（年龄×性别）方差分析，结果表明：年龄因素的主效应显著[$F(1, 622) = 5.838, p < 0.01$]；性别因素的主效应显著[$F(1, 622) = 6.908, p < 0.05$]；更重要的是，年龄和性别因素的交互作用显著[$F(1, 622) = 8.463, p < 0.01$]。进一步简单效应检验发现，在女性群体中，50岁及50岁以上和50岁以下之间差异显著（$p<0.001$）。结合平均数可以看出，50岁以下的女性嘎裂声时长占整个声调段的比例更高，说明年轻女性更容易出现嘎裂声；而在男性群体中，年龄的差异不显著。从另一个方向上来看，50岁及50岁以上人群性别差异不显著，而50岁以下人群性别差异显著（$p<0.001$）。结合平均数可以看出，50岁以下人群女性嘎裂声时长占整个声调段的比例比男性更高，此人群中女性比男性更容易发出嘎裂声。

小结：

从两因素（年龄×性别）方差分析可以看出，年龄因素和性别因素对嘎裂声分布的影响是一致的，均是50岁以下的人群比50岁及50岁以上的人群出现的嘎裂声多，女性的嘎裂声多于男性。

5.5　实验五：年龄对北京话不同古来源上声调中嘎裂声的影响

5.5.1　实验目的

考察年龄因素对北京话不同古来源上声调中嘎裂声分布的影响。

5.5.2 实验设计

本实验采用两因素混合实验设计。

（1）自变量：被试年龄，为被试间变量，分为五个水平；字的古来源为被试内变量，也分为五个水平，分别是：全清上声组、次清上声组、全浊上声组、次浊上声组和清入组。

（2）因变量：不同年龄的被试在不同古来源上声调中嘎裂声启动时刻占声调核时长的比例（CS_R），每一个组中嘎裂音个数的百分比（CN_R）及嘎裂音嘎裂部分时长占声调核时长的比例（CD_R）。

5.5.3 被试

同实验一。

5.5.4 实验材料

同实验一。

5.5.5 实验程序

同实验一。

5.5.6 实验结果

本实验主要是通过分析不同年龄的发音人在五种类型的上声调上CN_R、CS_R和CD_R的差异，来观测年龄和字的类型对上声调中嘎裂声分布的影响。表32呈现了不同年龄组的发音人在五种类型的上声调上嘎裂音的分布情况。

我们进一步考察了字类和年龄段对嘎裂声的影响，首先分析了每组出现嘎裂声字数的比例，如下表所示：

表32 不同年龄段的发音人在五种类型的上声调上嘎裂音的分布情况（CN_R）

组别	20~29岁	30~39岁	40~49岁	50~59岁	60~69岁	总
全清	0.7	0.61	0.54	0.21	0.17	0.44
次清	0.74	0.74	0.55	0.29	0.28	0.52
全浊	0.74	0.67	0.6	0.46	0.34	0.56
次浊	0.77	0.79	0.63	0.27	0.3	0.53
清入	0.8	0.4	0.63	0.5	0.21	0.61
总	0.75	0.7	0.58	0.32	0.28	0.52

我们对年龄段和字的类型对嘎裂声出现比例的影响进行了两因素（年龄段×字的类型）方差分析，结果表明：年龄段因素的主效应显著[$F(4, 1170)=43.906, p<0.001$]；字类因素的主效应不显著[$F(4, 1170)=1.605, p>0.1$]；年龄段和字类因素的交互作用不显著[$F(4, 1170)=0.791, p=0.697>0.05$]。结合表32的平均数可以看出，50岁左右是嘎裂声多少的一个明显的分界线，50岁以下的被试倾向于发嘎裂声，超过一半以上的字会发嘎裂声，而50岁及50岁以上的被试发嘎裂声越来越少，到60岁以后，仅不到30%的字被发成嘎裂声。

表33列出了不同年龄段的发音人在发不同类型的上声调时嘎裂部分启动时刻占声调核时长的比例（CS_R）的均值分布。

表33 年龄段和字类CS_R的均值

组别	20~29岁	30~39岁	40~49岁	50~59岁	60~69岁	总
全清	0.2	0.22	0.15	0.23	0.18	0.19
次清	0.18	0.22	0.14	0.15	0.19	0.18
全浊	0.2	0.16	0.23	0.19	0.22	0.2
次浊	0.11	0.12	0.19	0.12	0.19	0.14

第五章 北京话上声单字调嗓音状况的社会分层实验研究

续表

组别	20~29岁	30~39岁	40~49岁	50~59岁	60~69岁	总
清入	0.19	0.13	0.22	0.31	0.13	0.21
总	0.18	0.18	0.17	0.18	0.19	0.18

我们对年龄段和字的类型对CS_R的影响进行了两因素（年龄段×字的类型）方差分析，结果表明：年龄段因素的主效应不显著[$F(4, 597) = 0.658, p>0.1$]；字类因素的主效应不显著[$F(4, 597) =2.313, p>0.05$]；年龄和字类因素的交互作用不显著[$F(4, 597) =1.904, p>0.05$]。

表34列出了不同年龄段的发音人的嘎裂音嘎裂部分时长占声调核时长的比例（CD_R）的均值分布。

表34 年龄段和字类CD_R的均值

组别	20~29岁	30~39岁	40~49岁	50~59岁	60~69岁	总
全清	0.41	0.38	0.39	0.38	0.34	0.39
次清	0.44	0.38	0.52	0.46	0.42	0.44
全浊	0.41	0.49	0.43	0.37	0.35	0.41
次浊	0.49	0.47	0.49	0.4	0.35	0.46
清入	0.43	0.67	0.44	0.29	0.61	0.43
总	0.44	0.43	0.47	0.4	0.38	0.43

我们对年龄段和字的类型对CD_R的影响进行了两因素（年龄段×字的类型）方差分析，结果表明：年龄段因素的主效应显著[$F(4, 601) = 2.495, p=0.042<0.05$]，结合平均数可以看出；字的类型因素的主效应显著[$F(4, 601) =2.678, p=0.031<0.05$]，多重比较发现，全清和次浊之间的差异显著（$p<0.05$），其他类型的字两两之间差异不

显著（$ps>0.05$）；年龄段和字类因素的交互作用不显著[$F(4, 601)=1.878$, $p>0.05$]，说明字的类型所带来的差异比较微弱。

小结：

1. 通过两因素（年龄×字的类型）方差分析可以看出，年龄因素和字类因素对嘎裂声起始点没有显著影响，而对每组中嘎裂音出现的个数和嘎裂声的时长有显著的影响。

2. 37个考察字在发音人中读成嘎裂音频次统计

我们统计了32个发音人在37个考察字中每个字出现嘎裂声的频次，发现，每个发音人出现嘎裂声的字并不完全相同，而且差异也比较明显，统计结果如表35所示，按照从高到低的顺序排列。

表35　每个字被读成嘎裂音的个数

痒	脚	把	老	响	缓	讨	草	马	买
27	25	25	25	23	22	21	21	21	21
岛	纺	短	好	有	假	口	俭	尺	挺
20	20	19	19	19	18	18	17	16	16
粉	铁	等	比	纸	楚	笔	很	底	普
15	15	14	13	13	13	11	11	10	10
补	古	腐	女	辅	五	走			
9	9	8	8	7	7	1			

说明嘎裂这个发声态并没有成为北京话上声的固有特点。但从表中考察字的排列，我们似乎可以发现，韵母中带有后元音/a/的音节，被发成嘎裂声的频次比较靠前。这是一个有意思的事情，以后的工作中，可以扩大样本，从多个不同的角度深度挖掘造成不同上声出现嘎裂声的字具有的特点。

第五章 北京话上声单字调嗓音状况的社会分层实验研究

5.6 结论

在社会语言学领域，发音特征与社会身份之间的内在关联性一直是大家所关注的。本章以32个北京人所发的1184个北京话常用字为研究对象，综合考察了年龄因素、性别因素、家庭语言背景与上声调不同的古来源对上声调中嘎裂声分布的影响。通过五个实验分析，我们发现：

1. 年龄、性别和家庭语言背景因素均与嘎裂声的分布有着显著的相关性：随着年龄的增长，嘎裂声的出现呈现下降趋势；女性比男性更容易出现嘎裂声；新北京人比老北京人出现的嘎裂音多；上声不同古来源对于嘎裂声的分布影响比较微弱。

2. 随着年龄的增长，嘎裂声的时长也呈现下降的趋势，40~49岁是一个变化比较凸显的年龄段。

3. 女性说话比男性更容易嘎裂，而且嘎裂的时长要比男性长。

4. 新北京人发声中嘎裂音出现频率高于老北京人，嘎裂时长也长于老北京人。新北京人上声调中嘎裂声的分布情况表现出和年轻人、女性群体一致的特点。

5. 嘎裂音的嘎裂启动时刻在年龄、性别及家庭语言背景不同的情况下没有明显区别。

6. 年龄和性别的交互作用显示：年龄因素只在女性中有显著差异，50岁以下的女性嘎裂音出现频率更高，嘎裂声时长也更长；性别因素只在50岁以下的人群中有显著差异，女性嘎裂音出现频率更高，嘎裂声时长也更长。交互作用进一步显示，年轻人和女性更容易发嘎裂声。

7. 作为发声态的嘎裂声只是上声低调的伴随特征，每个发音人出现嘎裂的字并不完全相同，嘎裂音在每组人群中出现的频次、嘎裂声时长都不一样,说明嘎裂这个发声态并没有成为北京话上声的固有特点。

5.7 讨论

本章探讨了年龄、性别及家庭语言背景因素对于北京话不同类型的上声调中嘎裂声分布的影响,实验数据表明:

1. 随着年龄的年轻化,嘎裂这种伴随的发声态越来越多,说明北京话的嘎裂这种发声态处于比较有规律的变化中,未来有可能越来越多,是否会像有些南方方言一样成为低调的区别特征,还需要时间来检验。

2. 从本章数据看,男女性发音人之间的差异也很显著,女性发音人的上声更容易出现嘎裂声的特征。这一点有些奇怪,声带振动频率的大小取决于声带本身的生理特性(如薄厚、长短等)和不同发声类型的控制。从生理上讲,男女声带有差别,男性声带一般比较厚比较长,也比较宽大;女性的声带比较薄比较短,也比较窄。所以按照常理应该是男性发音人更易出现嘎裂声,而我们的研究显示结果和我们的预期不一样。

人们在使用语言进行社会交际时,大多数情况下用的是他们的常态声域,男性有时嗓音低沉而出现嘎裂声,社会心理认为这是可以接受的(Blomgren, et al, 1998)[①]。彭建国、朱晓农(2010)也表示同意,同时还认为女性使用嘎裂声就会有其他含义。而这种其他含义是什么,文中却语焉未详。

弗洛伊德著名的"无意识理论"与"本能理论"揭示了身体行为的动机,认为人身体的需要与欲望的转移与升华是整个社会文明前

---

① 转引自彭建国、朱晓农(2010)。

第五章　北京话上声单字调嗓音状况的社会分层实验研究

进的根本动力,而嗓音低沉被视作吸引力和支配力的双重体现[①]。麦克马斯特大学心理学系进行了一系列研究,研究表明:嗓音低沉的人被认为更具领导力,人们在选择领导者时,会不由自主地选择嗓音低沉的一方;无论是进化史上还是现代,人们在挑选领导时,总是重视有关领导力的各种暗示,而嗓音低沉就是一个非常重要的暗示。VOA（2012）[②]的报道称女性声音低沉化更有选举优势,文中称玛格丽特·撒切尔为了让自己看起来更有能力,更可靠,更坚定,刻意训练声音使之变得深沉。我们考虑年轻人和女性的社会身份相对于年长者和男性来说,属于弱势角色,因此他们更着意捕捉主流的文化元素,容易有意无意地用声音的控制等手段来解决身份认同上的危机。而嘎裂声低沉、稳重和力量感的特质,正好符合社会强势角色的发音特征。

3. 嘎裂声的分布特点为什么以40~49岁年龄段为分界？本章有关年龄的单因素方差分析表明,嘎裂声的出现随着年龄增长呈逐渐降低的趋势,但是在不同年龄段内变化的速度并不一样:20~29岁和30~39岁基本保持稳定,平均数差异不显著;50~59岁和60~69岁也基本保持稳定,平均数差异也不明显;40~49岁是一个变化比较凸显的年龄段（见图9和图10）。结合第三章我们关于年龄因素对上声起点音高、拐点音高和终点音高的单因素方差分析,40~49岁人群与其他四个年龄阶段相比,其起点、拐点和终点都是最低的。40~49岁是变化的分界,20~29岁和30~39岁这两个年龄段之间的发音更相似,50~59岁和60~69岁这两个年龄段之间更像,而40~49岁是处于变异的年龄段。

[①] 加拿大研究称嗓音低沉更显领导力,2011,新华网,http://news.xinhuanet.com/world/2011-11/16/c_122286638.htm,访问时间:2015年3月2日。

[②] 女性声音低沉化更有选举优势,2012,VOA官网,http://www.easyvoa.com/translate/4573.html,访问时间:2015年3月2日。

图11显示40~49岁这个年龄段嘎裂声出现频率在五个年龄段中居于中间水平。图9显示这个年龄段拐点位置最低。按照嘎裂声的发声原理，拐点低应该更容易发出嘎裂声，为何反而是拐点不那么低的30~39岁和20~29岁年龄段出现嘎裂声最多呢？我们可以从两方面来解释：

第一，用正常嗓音拟合得到的拐点数据反映的是年龄段正常嗓音的音高特点。我们在第三章介绍过，为了探讨基频模式的差别，我们对有嘎裂声的数据根据Praat提取出来的正常嗓音的数据进行拟合。图9显示，20~29岁和30~39岁年龄段的起点和终点音高高于40~49岁年龄段，说明前面两个年龄段人群正常嗓音比40~49岁年龄段高，如果这两个年龄段人群发拐点时用的也是正常嗓音的话，其拐点音高也应该高于40~49岁年龄段。而这两个年龄段嘎裂声居多（见图11），用的是低调的发声态，为了便于比较，拐点部分音高是用上声调其他段的音高拟合出来的数据。所以出现年轻组拐点音高高于40~49岁年龄段和嘎裂声多于40~49岁年龄段的结果不相悖。

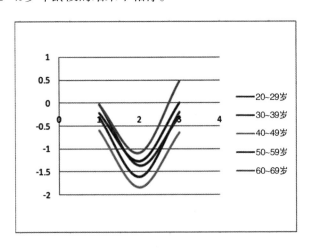

图9　不同年龄段上声图

第五章　北京话上声单字调嗓音状况的社会分层实验研究

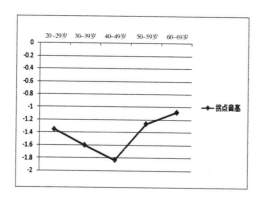

图 10　不同年龄段拐点音高图

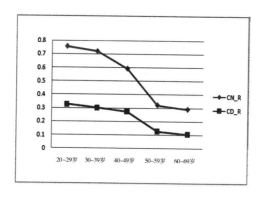

图 11　不同年龄段 CN_R、CD_R 均值图

第二，社会心理上把嗓音低沉视作吸引力和支配力的双重体现应该是重要原因之一。

40~49岁是人的社会角色发展高峰期，无论在家庭还是在工作单位，这群人的意见都处于支配地位，他们中大多数家庭中的子女还未成年或接近成年，而父母已到生命的末期或者刚刚去世；在职业领域他们往往是业务骨干或者领导干部。从社会心理来说，这群人是承受心理压力最大的人群，而生理上，40~49岁也是身体状况由盛转衰的节点。

语音上以50岁作为拐点的情况正好与这群人社会身份和生理变化的拐点相一致。有趣的是,2011年比利时马斯垂克大学(Maastricht University)经济学者范蓝德根(Bert van Landeghem)带领的研究团队针对英国、瑞士和德国三国人民的调查,在英国皇家经济协会(the Royal Economic Society)的伦敦年会公布报告,显示人的一生中幸福感大体呈U形曲线,在四五十岁阶段达到最低点,最低点的全球平均年龄是46岁[①],见图12。

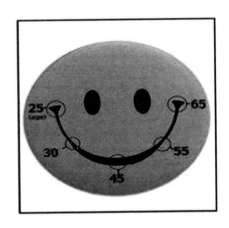

图12 人生幸福感U形曲线

正如上一点所分析的,声音低沉是成熟而有支配能力的象征。40~49岁人群的家庭地位和社会地位使得他们的声音本身就有权威性,他们的发音天然地就会比较低,用正常嗓音即可,无须用到特殊的发声态,基频模式上表现为拐点往下到达最低点。

可否做这样的猜想,20~39岁的人群,因为他们的正常嗓音比40~49岁人群的音调高,所以在生理上,如果用正常嗓音发上声,拐点

---

① 转引自心援网 http://www.chinahelpnet.com/Article/Hunyin/6002.aspx,访问时间:2015年3月2日。

第五章 北京话上声单字调嗓音状况的社会分层实验研究

就不够低,远达不到40~49岁人群的程度,但是他们渴望社会角色的认可,渴望实现对社会的支配,表现在语音上,他们自觉不自觉地来模拟社会核心支配人群的发声,用更多的嘎裂声来弥补声调的下拐不足以达到声音低沉的目的,这可以解释为什么20~39岁人群嘎裂声增多,而40~49岁人群嘎裂声反而减少的现象。

第六章　基于 EGG 信号的北京话上声调嗓音模式研究

关于北京话上声调，前人研究较多是从语音信号来分析其音高、音长等物理特性，研究结果注重北京话上声的调值和调型。但我们知道声调不但跟声带振动的快慢即基频有关，而且与发声时声带的伴随状态相关。（朱晓农，2010）近年来，随着现代言语声学和医学理论的研究，人们逐渐认识到声调不仅是一个语言学概念，在声学上对应于基频F0的变化（有时也涉及对时长和振幅的考虑），也应该涉及嗓音特征等嗓音参数的变化。随着语言发声类型研究的深入，北京话的发声研究也逐渐引起学界的关注。石锋（1991）在《北京话的声调格局》中注意到了语音有发音和调音的区别，但认为多是和音质相关，发音对声调影响不大。朱晓农（2004b、2009），朱晓农、杨建芬（2010），朱晓农、章婷、衣莉（2012）多次指出北京话上声调

第六章 基于 EGG 信号的北京话上声调嗓音模式研究

带有低调伴随的发声态。孔江平（2001）利用声门阻抗信号，先对持续元音进行了研究，得出关于嗓音基本性质的结论：速度商和音调高低呈反比，开商和音调高低呈反比，男女之间的差别主要体现在速度商上，开商差别不大。他还对北京话的单音节和双音节声调模式进行了研究，并和持续元音的研究结果进行了比较，指出在真实言语中发声特性在一个音节中的变化和持续元音中所体现出来的特性完全不同。为此，孔江平又利用声门高速摄像（high-speed digital imaging）（Kong, 2007）进一步研究了汉语普通话四个声调在单字音节和双音节中的发声特点，说明了基频不仅和开商、速度商有关系，其变化也和声门面积的大小有关系。本研究在探测性实验中还发现了一个有意思的现象，我们从发音人所读的上声字中挑选了两个测试字，一个具有嘎裂声，一个没有嘎裂声且基频曲线非常光滑。更改了两个例字的基频值，使之与阴平一致，让母语者听辨，母语者仍然倾向于将更改后的刺激音感知为上声。我们猜想，除了上声的音高及调型以外，应该还有其他因素影响着母语者对上声的感知。换句话说，在上声中，除了音高信息和我们常常提到的嘎裂声外，还有别的东西是上声所固有的。

孔江平（2001）从言语声学的角度指出，言语的声源是一个相对独立的部分，而汉语的 OQ、SQ 模式和基频模式都反映声源的特性，因此，从言语产生的声学理论上讲，基频模式、速度商模式和开商模式构成了汉语的嗓音发声模式。他认为基频模式反映的是声源的时域特性，速度商和开商模式反映的是声源的频率域特性。前者可被看作"调时模式"，后两者可被看作"调声模式"，三个参数结合才能更好地描述声调的特征。鉴于此，本章利用电子声门仪采集了语音信号和声门阻抗信号（EGG），并从中直接提取基频、开商、速度商等参数，探讨它们之间的联系，并在此基础上建立北京话上声调的发声模式。

6.1 实验方案

6.1.1 EGG信号及其相关参数概念

（1）电子声门仪（EGG）：是一种用于研究声带接触面积的仪器，由一个前置放大器和两片感应电极组成。它通过测量经过声带区域的电流来间接反映声带的运动状态，对人刺激小，操作和信号处理工作也比较简易。其信号的物理性质与嗓音产生过程之间有非常密切的关系。同时EGG信号还包含很多关于声带运动的细节信息。我们可以根据声带运动的参数之间的关系，推出声门形状的变化情况，评估嗓音特征，以此确定不同嗓音的发声类型，见图13和图14[①]。目前，EGG信号被认为是获取声带振动参数最方便的方法，而且不会影响声带振动（孔江平，2001），在各领域的嗓音发声研究上广泛使用。

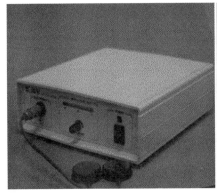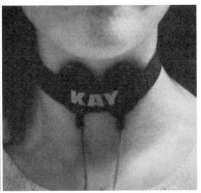

图13　图14　电子声门仪结构示意图

（2）开商（Open Quotient, OQ）和速度商（Speed Quotient, SQ）是嗓音的两个重要参数，可以通过研究言语的这两个参数来确定声源

---

① 引自尹基德、吉永郁代. 2008.语音乐律研究报告.喉头仪(Electroglottography)。

第六章　基于 EGG 信号的北京话上声调嗓音模式研究

的频谱特性。（孔江平，2001）孔江平（2001）给开商和速度商下了一个明确的定义，如图15（钱一凡、孔江平，2007）所示：

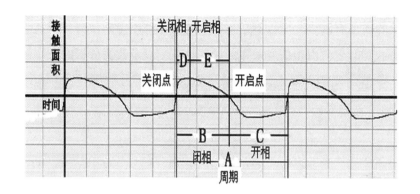

图 15　正常嗓音声带振动波形图

开商= 开相/周期（开相+闭相）×100%，是指声带振动的一个周期内声门不接触段的时长比率，即开相与周期之比。开商的变化能反映频谱斜率的变化，同时能够作为分别发声类型的主要参数变量。（尹基德，2010）

速度商= 开启相/关闭相×100%，是指声门接触段中分离段和关闭段的速度比率，即开相与闭相之比。速度商指声门开启相和关闭相的比例，体现了发声的松紧。当一个嗓音比另一个嗓音的闭相短很多时，意味着声门打开后关闭得更快，这样"漏气"就会少一些，就表现得更比另一个嗓音要紧一些。（孔江平，2003）

从EGG信号计算得到的开商、速度商参数意在区别不同的EGG信号形式，从而反映不同的声带运动形式，对应不同的嗓音发声模式。

6.1.2 发音人

EGG信号具有非侵入性等特点，已成为人们研究嗓音的最常用的研究方法，但也有很多不足之处，比如女性的信号采集有些困难，较胖的人也有困难，所以不是每个人的信号都能用来做分析研究（孔江平，2001）。由于信号采集的这些特点，以及数据分析的工作量太大，本节的发音人有十位，五男五女，发音听力都很正常。具体见下表：

表36 发音人信息

序号	编号	性别	录音时年龄（岁）
1	M1	男	67
2	M2	男	51
3	M3	男	49
4	M4	男	37
5	M5	男	31
6	W1	女	52
7	W2	女	59
8	W3	女	22
9	W4	女	23
10	W5	女	40

6.1.3 语料

今北京话上声来源于古全清上、次清上、全浊上、次浊上和清入五类字，因此，我们的研究材料可按此分为五类，共37个字：

（1）古全清上声字，包括（共14字）：粉，岛，等，比，好，补，短，假，走，响，底，纸，古，把；

（2）古次清上声字，包括（共6字）：讨，纺，普，口，草，楚；

第六章 基于EGG信号的北京话上声调嗓音模式研究

（3）古全浊上声字，包括（共6字）：挺，腐，缓，很，俭，辅；

（4）古次浊上声字，包括（共7字）：老，女，马，买，五，痒，有；

（5）古清入字，包括（共4字）：笔，脚，尺，铁。

6.1.4 实验过程

一、录音

把实验用字随机分散在1321个（不含重复字）单双音节字表中，其中单音节字涵盖了阴平、阳平、上声、去声四个调，共791个（不含重复字）。录音在安静的房间里进行。录音设备有IBM笔记本电脑、Creative外接声卡、Sony话筒、调音台、美国KAY公司生产的电子声门仪（EGG）。录音软件为Adobe Audition 2.0，录音采样率44100Hz，解析度16位，为双声道：左声道用SONY-ECM话筒采集语音信号，右声道用美国KAY公司的喉头仪采集EGG信号。对录完后的样本进行处理，主要是使用Adobe Audition 2.0软件切音，将每个词语都另存为一个.wav格式音频文件。

二、语料处理[①]

（1）EGG信号的滤波

人说话时，声带振动产生反映声门姿势及变化的高频信号；同时喉头也相对运动，产生与语言学研究无关的低频信号。我们只需要高频信号，所以要在提取参数前利用Audition软件自带的FFT滤波器——Kill The Mic Rumble，滤除低频无关信号。

（2）EGG信号的降噪

在Audition中通过amplify中的normalize把SQ和EGG信号适当放

---

① 在数据处理中，北京大学博士生张锐锋给予了非常大的帮助，在此表示感谢。

大，然后用Audition中的noise reduction把EGG信号降噪处理。图16是处理前后的EGG信号的对比。

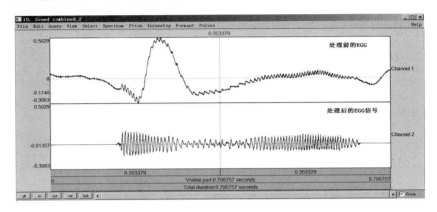

图16　一女性发音人发的"假"的EGG信号图

展开来看，处理后的EGG信号除了振幅强些外，形状及最大点的位置是不变的，也即算出来的OQ、SQ也是不变的，如图17。

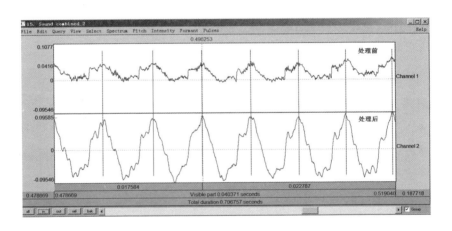

图17　一女性发音人发的"假"的EGG信号放大图

这样就可以提取F0、OQ、SQ了。图18是一个发音人发的"假"的参数值归一化后的结果。

第六章 基于 EGG 信号的北京话上声调嗓音模式研究

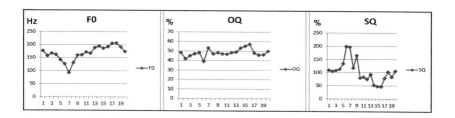

图 18　归一化结果

三、参数提取

EGG信号经过滤波，滤除了无关的信号；经过降噪，既没有改变原信号的极值点，又去除了噪音。将处理好的语料按照研究目标导入Matlab中，参数提取程序是北京大学中文系语言学实验室自编的VoiceLab程序，这是一个基于Matlab软件平台的程序（界面见图19）。

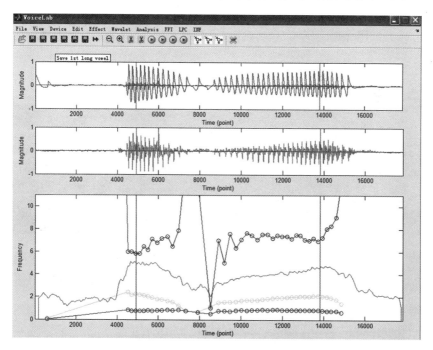

图 19　一位发音人所发的"笔"

运用VoiceLab程序提取出基频、开商和速度商等数据后,数据将自动保存到Microsoft Excel表格中,声调段提取30个点。根据不同的研究目标,对数据进行归一化,最后用Excel进行统计和作图。

6.2 北京话上声调发声模式

本章试图以基频、开商、速度商三个嗓音参数建立北京话上声调的发声模式。由于不同性别的发声性质存在一些区别,本章所给出的发声模式曲线会分列男女,体现男女差别。首先分别讨论男女声上声调的发声特点,然后对三个嗓音参数分别进行了比较,在此基础上描述了北京话上声调发声模式的区别性特征,最后讨论了北京话上声调的发声模式。

6.2.1 北京话上声调男性发声基本特征

我们用Matlab程序对5位男发音人的嗓音参数进行了提取,见表37。

表 37 男性发音人F0、SQ、OQ值

		1	2	3	4	5	6	7	8	9	10	11	12	13	14	15	16	17	18	19	20	21	22	23	24	25	26	27	28	29	30
全清	F0	115	110	107	104	100	100	100	99	99	98	100	100	102	102	104	106	108	110	112	115	117	119	122	124	127	130	131	135	136	136
	SQ	171	163	168	169	160	164	148	153	146	148	141	140	154	148	149	155	159	169	181	183	187	193	192	194	191	194	194	186	177	177
	OQ	45	43	43	44	44	44	45	44	44	45	44	44	44	44	43	43	43	43	43	42	42	41	40	40	40	39	39		41
次清	F0	111	106	104	100	99	100	100	99	99	100	100	102	104	106	108	110	112	115	117	120	123	127	130	130	135	141				
	SQ	154	151	173	174	168	162	166	168	168	164	165	168	173	162	162	171	170	170	171	172	177	180	183	189	184	187	171	196	194	157
	OQ	45	44	44	43	44	44	44	44	44	43	43	43	43	42	42	42	41	41	41	40	40	39	39	38	38					
全浊	F0	110	108	106	105	104	104	102	101	102	103	102	105	107	109	111	115	117	119	121	122	125	128	129	131	126					
	SQ	144	149	151	142	135	140	126	124	130	138	127	138	142	150	148	146	153	158	161	165	169	169	187	183	184	185	182	180	190	
	OQ	45	44	43	43	43	43	43	43	43	43	43	43	43	42	42	42	41	41	41	40	40	39	38	40						
次浊	F0	113	109	107	101	104	103	98	98	97	99	99	96	98	100	104	106	110	113	115	118	120	123	126	128	132	138	145	133		
	SQ	137	145	140	150	156	151	145	150	153	165	160	151	162	168	174	177	175	183	188	197	193	196	204	203	208	205	205	198	181	
	OQ	44	46	44	46	48	48	47	47	48	46	44	44	43	42	42	42	41	41	41	40	40	40	40	38	38					
清入	F0	110	106	104	102	100	99	97	94	93	93	97	96	95	100	98	100	102	105	109	108	115	120	125	128	133	135	145			
	SQ	151	169	154	182	178	176	169	186	184	160	158	174	166	174	168	174	184	180	182	190	184	180	182	190	195	193	192	196	185	189	172	169
	OQ	46	45	45	45	45	44	44	44	44	45	44	44	44	44	44	44	44	44	44	43	42	41	40	40	38	40				

表中列出了Matlab提取的5位男性发音人五组不同上声来源的三个嗓音参数值。在此基础上,本节将给出母语为北京话的男性上声调发声模式曲线图,图20至图24按照上声调的古来源分组。每一组图的左图为基频(F0)和速度商(SQ)曲线图,右图为开商(OQ)曲线图。基频曲线的参数单位为Hz,开商和速度商曲线的参数单位为百分比

(%)。给出嗓音参数曲线图后,会就曲线形状和数值做简单描述,为下文总结发声模式做准备。

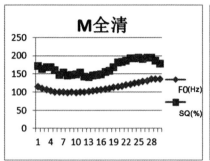 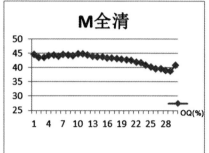

图 20 男性上声调全清曲线图

男性发音人的全清上声基频(F0)呈降升曲线,数值从起始端的115Hz到拐点(第10个点)的97.9Hz,再上升到终点的136Hz;速度商(SQ)也表现为先降后升,从开始的171%降到第13点的140%,再升到194%;开商(OQ)曲线整体变化不大,其模式表现为高平,但还是有起伏,从开始的45%、43%,到第10和11点小幅上升到45%,再降到39%,总体与基频负相关。由此可见,总体上男性全清上声组的速度商与基频正相关,而开商和基频,以及开商与速度商之间均表现为负相关的关系。

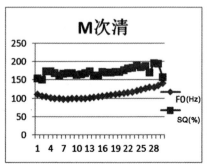 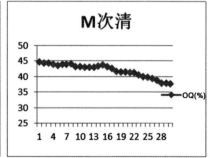

图 21 男性上声调次清曲线图

男性发音人的次清上声基频曲线呈降升趋势，数值从起点的111Hz，到拐点（第8个点）的98Hz，再到终点的141Hz；速度商曲线表现出小幅震荡曲折的特点，从数值上可以看出，从154%上升到174%后又降到162%，经过小幅回升到168%，降到164%又回升为173%的过程后，又落回162%，接着大幅升为189%，小幅震荡跌为171%后，到末尾又上升到196%；开商曲线整体变化不大，表现为高平。各项数值显示，总体上男性次清上声组基频、速度商、开商之间的关系和全清上声组这三者之间的关系相同：速度商与基频正相关，开商与基频、开商与速度商均表现出负相关的关系。

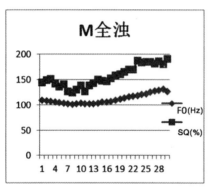 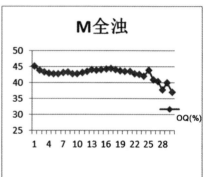

图 22　男性上声调全浊曲线图

男性发音人的全浊上声基频数值从起点的110Hz，到拐点（第8个点）的101Hz，再到终点的131Hz，因而曲线也是降升曲线；速度商表现出曲折的特点，曲线前半段呈现微降微升的波形图，从起点的144%，到小波峰151%，再到136%，又微升为140%，又降为124%，从138%曲折变化为127%，后半段呈现震荡上升的状态，从127%至150%，稍降为146%后，又快速升到187%，后下降至184%，到末尾又微升为190%；开商也是基本表现出平的特点，基本保持在40%至45%，到第28个点微降至38%，经过29点的小幅上升40%后，30点又下降为37%（作图原因，未全部显示）。所以，各项数值又一次验证了男性全浊上声速度商与基频正相关，开商与基频、开商与速度商均表现出负相关的关系。

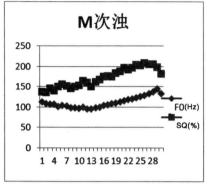 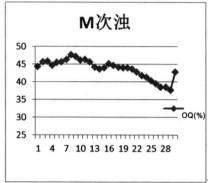

图 23　男性上声调次浊曲线图

男性发音人的次浊上声基频数值从起点的113Hz，到拐点（第12、13个点）的96Hz，再到终点的145Hz，曲线也是降升；速度商基本表现出曲线上升的特点，从137%升至156%，降到146%后上升到151%（第13个点），之后一路上升到205%（第27、28个点）；开商曲线基本趋于平直，曲线区间在38%至48%之间，其中多数点保持在38%至46%，只有第8个点为48%，第9个点为47%，较之相对突出。由此可以总结出，男性发音人次浊上声的发声模式为：基频降升，开商升降，速度商为升降升降升的模式。

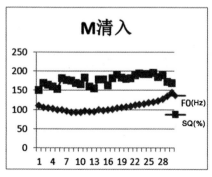 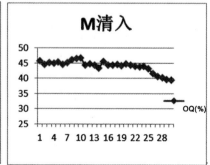

图 24　男性上声调清入曲线图

男性发音人来源于清入的上声基频数值从起点的113Hz，到拐点（第12、13个点）的96Hz，再到终点的145Hz，曲线也是降升；速度商基本表现出曲线上升的特点，从151%升至169%，降到154%后上升到182%，再次下降为166%之后，一路上升到184%，再次下降为156%后，一直上升为145%；开商曲线基本趋于平直，曲线区间在38%至48%之间，其中多数点保持在40%至46%，只有第10个点为47%，较之相对突出。由此可以总结出，男性发音人清入上声的发声模式为：基频低平，开商低平，速度商为升降升降升。

通过上文对以母语为北京话的男性上声调发声模式曲线的具体分析，可以看出，男性发音人的全清、次清、全浊、次浊以及清入组的基频和开商基本表现为低平，速度商为升降升降升的曲线上升模式。

6.2.2　北京话上声调女性发声基本特征

我们按照相同方法将5位女性发音人的上声调的基频（F0）、速度商（SQ）、开商（OQ）值汇总如下（表38）：

表38　女性发音人F0、SQ、OQ值

		1	2	3	4	5	6	7	8	9	10	11	12	13	14	15	16	17	18	19	20	21	22	23	24	25	26	27	28	29	30
全清	F0	202	193	182	173	164	156	148	144	139	140	139	138	142	146	148	154	160	166	169	172	175	178	180	181	185	187	190	193	196	199
	sq	148	154	165	193	210	273	328	285	263	269	271	284	241	223	210	209	200	193	186	175	170	165	153	160	152	140	141			
	oq	39	38	39	37	34	32	33	31	31	31	31	30	31	32	33	32	35	35	37	38	39	40	40	40	39	40				
次清	F0	204	195	185	175	167	163	154	147	144	147	155	160	160	162	166	170	171	175	178	180	181	183	190	193	196	199				
	sq	190	190	198	204	386	211	245	215	246	287	313	286	253	245	220	224	203	188	196	184	180	186	169	168	170	149	143	138		
	oq	42	42	41	42	34	32	33	32	31	31	30	34	31	35	34	35	36	37	38	41	39	38	41	38	40	40				
全浊	F0	205	200	192	188	183	177	170	164	157	149	146	137	132	140	145	148	157	165	170	172	174	178	180	185	187	192	195	198		
	sq	169	171	190	191	208	230	243	247	274	314	348	456	467	372	379	305	253	233	226	225	198	218	190	201	196	186	155	166	170	155
	oq	39	40	38	38	34	32	31	31	31	29	27	27	28	34	36	36	38	40	40	39	40	40								
次浊	F0	197	190	186	184	181	175	171	165	159	157	155	145	142	143	144	145	147	155	160	167	171	175	180	182	185	188	191	192	195	198
	sq	158	183	187	192	214	219	245	257	267	284	272	284	280	253	246	245	235	215	209	205	204	203	197	194	186	174	167	159		
	oq	41	40	40	41	38	37	37	36	35	34	31	33	31	29	27	27	30	32	34	36	36	38	40	37	38	40	39	40		
清入	F0	195	190	177	171	169	166	164	158	151	145	147	150	155	160	167	171	175	178	180	186	189	194	196	197	201	210				
	sq	121	136	602	188	230	257	224	246	219	268	269	287	295	275	262	254	234	230	211	205	206	193	187	175	170	140	152	160	163	169
	oq	42	41	38	36	37	34	34	34	34	36	37	37	35	34	35	33	37	37	38	38	37	35	38	43	41	44	41			

在此基础上，本节将对女性发音人的发音按照上声调的古来源分组给出母语为北京话的女性上声调发声模式曲线图（图25至图29）。每一组图的左图为基频和速度商曲线图，右图为开商曲线图。基频曲线的参数单位为Hz，开商和速度商曲线的参数单位为百分比（%）。

给出嗓音参数曲线图后,会就曲线形状和数值做简单描述,为下文总结发声模式做材料上的准备。

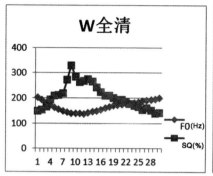
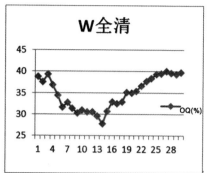

图 25 女性上声调全清曲线图

女性发音人的全清上声基频曲线同样为降升曲线,数值从起始端的202Hz到拐点(第9点)的139Hz,再到终点的199Hz;速度商基本上表现为升降,从开始的148%升到第9点的328%,再降到141%;开商呈现为相对平缓的降升的特点,从开始的39%、第14点28%,再升到40%,与基频成正相关。从图中可以看出,总体上女性全清上声组的速度商与基频成负相关,开商与基频成正相关,开商与速度商也表现出负相关的关系。因而,我们可以说女性发音人的发音可以描述成基频降升,开商降升,速度商为升降。

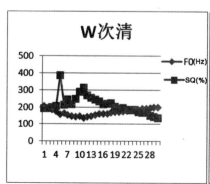
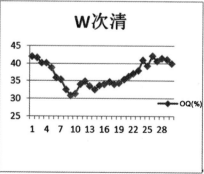

图 26 女性上声调次清曲线图

女性发音人的次清上声基频曲线为降升，数值从起始端的204Hz到第11点的137Hz，再到终点的198Hz；速度商总体表现为升降曲线，从开始的190%升到第11点的313%，再降到138%；开商表现为降升的特点，从开始的42%，降到第9、10点31%，再升到40%。总体上女性次清上声组的速度商与基频负相关，开商与基频成正相关，开商与速度商也表现出负相关的关系。因此，女性发音人的发音可以描述成基频降升，开商降升，速度商为升降。

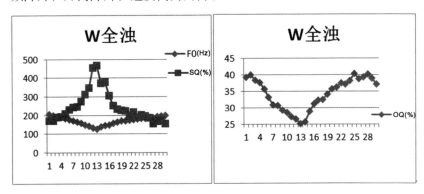

图27　女性上声调全浊曲线图

女性发音人的全浊上声基频曲线为降升，数值从起始端的205Hz到第13点的126Hz，再到终点的198Hz；速度商表现为升降，从开始的269%升到第13点的467%，虽然经过降到198%又小幅回升为218%，后又降为155%，升为170%的过程，但最终还是降回到155%；开商呈现出平缓降升的特点，从开始的39%，降到第13点25%，再升到40%左右。总体上女性全浊上声组的速度商与基频负相关，开商与基频成正相关，开商与速度商表现出负相关的关系。女性发音人的发音可以描述成基频降升，开商降升，速度商为升降。

第六章 基于 EGG 信号的北京话上声调嗓音模式研究

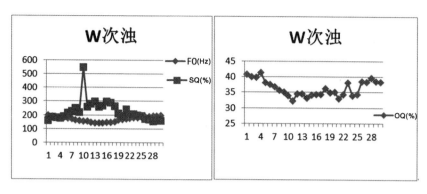

图 28　女性上声调次浊曲线图

女性发音人的次浊上声基频曲线为降升,数值从起始端的197Hz到第13点的142Hz,再到终点的198Hz；速度商则为震荡升降的曲线,从开始的158%升到183%,降到177%,后又升到250%,降到219%之后,最后降到159%左右,其间,第10点的值最为突出,为548%；开商表现出平缓的降升的特点,从开始的41%,降到第15点32%,再升到38%。总体上女性次浊上声组的速度商与基频负相关,开商与基频成正相关,开商与速度商表现出负相关的关系。女性发音人的发音可以描述成基频降升,开商降升,速度商为升降。

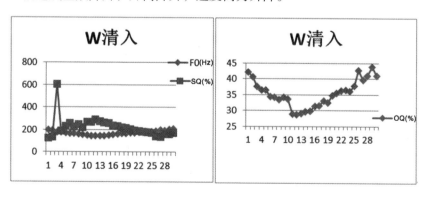

图 29　女性上声调清入曲线图

女性发音人的清入组基频数值从起点的195Hz,到拐点（第12个点）的143Hz，再到终点的210Hz，曲线也是降升；速度商基本表现出曲线升降的特点，从121%突然升至602%，降到188%后上升到257%，再次下降为224%之后，一路上升到246%，再次下降为287%之后又下降为132%，最后一直上升为169%；开商曲线基本趋于平直，曲线区间多数在29%至41%之间，只有第1个点为42%，第26个点为43%较之相对突出。由此可以总结，女性发音人清入上声的发声曲线可以描述成基频低平，开商降升，速度商为升降。

6.2.3 北京话上声调发声模式

声调的发声模式的确立有利于揭示发声的各个参数之间的关系和规则，根据以上对男性女性发声基本特征的分析，我们把男女不同古来源的上声的基频、速度商和开商模式归纳如下，其中"H"表示"高平"，"R"表示升，"F"表示降，"RF"表示升降，"FR"表示"降升"。

表39 北京话上声调发声数据表

性别	参数	上声分组				
		全清	次清	全浊	次浊	清入
男性	基频	FR	FR	FR	FR	FR
男性	速度商	FR	FR	FR	FR	FR
男性	开商	H	H	H	H	H
女性	基频	FR	FR	FR	FR	FR
女性	速度商	RF	RF	RF	RF	RF
女性	开商	FR	FR	FR	FR	FR

从上表中的发声模式看基频与速度商的关系：（1）男性上声调

第六章 基于EGG信号的北京话上声调嗓音模式研究

的速度商与基频呈正比,即当F0提高时,SQ的数值增大,F0下降时,SQ的数值减小;(2)女性上声调的速度商与基频呈反比,即当F0提高时,SQ的数值减小,F0下降时,SQ的数值增大。

从北京话上声发声模式看基频与开商的关系:(1)男性上声调的开商与基频呈反比,即当F0提高时,OQ的数值减小,F0下降时,OQ的数值增大;(2)女性上声调的开商与基频呈正比,即当F0提高时,OQ的数值增大,F0下降时,OQ的数值减小。

从北京话上声发声模式看速度商与开商的关系:(1)男性上声调的速度商与开商呈反比,即当SQ数值增大时,OQ的数值减小,SQ数值减小时,OQ的数值增大;(2)女性上声调的速度商与开商呈反比,即当SQ数值增大时,OQ的数值减少,SQ数值减小时,OQ的数值增大。

6.2.4 嗓音参数的性质

(1)基频性质

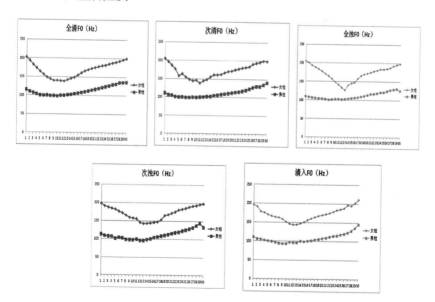

图30 基频性质

从图30可以看出，基频在全清上声组、次清上声组、全浊上声组、次浊上声组和清入组表现出一致的特点：都是呈降升趋势，女性基频比男性高。

（2）速度商性质

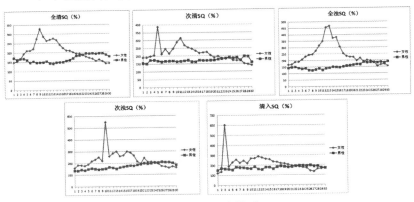

图31　速度商性质

从图31可以看出，速度商在全清上声组、次清上声组、全浊上声组、次浊上声组和清入组表现出一致的特点：女性速度商普遍高于男性，在负载段的起始位置和结束位置时，男性速度商高于女性；男性的速度商表现为降升趋势，而女性速度商每一组都有一个或两个高点，总体呈现出升降的趋势，体现了发声类型的变化。

（3）开商性质

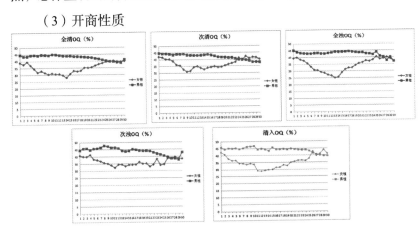

图32　开商性质

第六章 基于EGG信号的北京话上声调嗓音模式研究

从图32上可以看出，开商在全清上声组、次清上声组、全浊上声组、次浊上声组和清入组表现出一致的特点：女性开商普遍低于男性，在负载段的起始位置和结束位置时，女性开商高于男性；女性的开商表现为降升趋势，而男性开商表现出高平。

（4）基频、开商和速度商均值

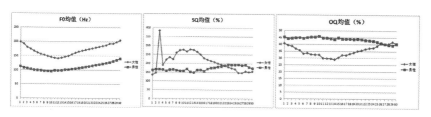

图33　基频、开商和速度商均值

图33显示，北京话上声调单音节嗓音模式上，男女基频模式基本一致，呈降升趋势；男女速度商、开商整体上呈反比。这体现了男女嗓音的不同。

6.3　结论

嗓音信号最基础和最常用的参数是基频、开商和速度商。基频是发音时声带自主振动而产生的主动的频率，它直接反映发音器官中声带振动的情况。开商和速度商分别反映了声音信号在频域谱以及基频上的一些特征。我们选取的语料为单音节词，这就保证了不会受到语流中韵律的影响。我们从上声内部来观察汉语单音节发声模式，发现：

（1）五组古来源上声调的基频都呈降升趋势，女性基频高于男性。

（2）五组古来源上声调的速度商表现出一致的特点，男性表现出降升趋势，女性表现为升降；除了负载段起始位置和结束位置外，女性速度商高于男性。

（3）五组古来源上声调的开商表现出一致的特点，女性的开商表现为降升趋势，而男性开商表现出高平；除了负载段起始位置和结束位置外，女性开商低于男性。

（4）上声调的古来源对于当代北京话的嗓音没有显著影响。

（5）北京话上声调男性女性速度商数据曲线走势与基频曲线走势表现出很大的差别，男性的速度商与基频呈正比，女性呈反比；开商走势与基频曲线走势，男性女性亦有很大的差别，男声的开商与基频呈反比，女声则正好相反。

6.4　讨论

1. 当代北京话上声调男女性嗓音上的差别不仅体现在速度商上，开商的差别也很大，这和孔江平（2001）的研究结果不同。孔江平先生曾用基频（F0）、开商（OQ）、速度商（SQ）这三个参数对普通话的声调模式作过研究，上声调的研究结果显示：当F0提高时，SQ的数值减小，F0降低时，SQ数值增大，它们之间是一个反比关系；F0和OQ的关系与持续元音不同，第三调的F0为低降调，但OQ没有体现为上升，它体现为先降后升，这体现出在一个单音节词中发声类型的变化。同时指出："开商似乎和男女声的区别没有太大的关系""男女之间的差别主要体现在速度商上"，因为速度商"一方面和音调高低关系密切，另一方面它又体现了男女之间嗓音的差别"；"对于汉语普通话来说，男声的速度商都大于女声"。（孔江平，2001）

本章研究发现女性的基频虽然比男性高，但各组的速度商高于男性，而开商则比男性低。从生理上讲，男性的声带厚长，也比较宽大；女性的声带薄短，也比较窄。反映在声学上，往往男性的基频较

第六章 基于EGG信号的北京话上声调嗓音模式研究

低，较容易发出嘎裂声。第五章我们通过对32个母语为北京话的发音人所发的1184个北京话常用上声字的标注和分析，发现性别因素与嘎裂声的分布有着显著的相关性：女性比男性更容易出现嘎裂声。我们从社会语言学的角度对这个现象进行了解释。

  本章的研究结果同样印证了这一点：开商一般被认为跟频谱的H1-H2值呈正比。开商越小，H1-H2值越小，低频能量与高频能量差值越小，导致频谱斜率越小，这意味着高频能量的相对的上升。这是挤喉音或紧音（pressed voice）的特征（尹基德，2010）。女性发上声调时，有时基频上显示不是那么低，但其声带紧张度提高，导致声门下的气流受到阻碍，声门打开的速度放慢，关闭的速度增快，导致声门打开的时间较短，所以体现在嗓音参数上就是速度商上升，开商降低。这体现了声调的基频模式和嗓音模式在声调的实现上是一种补偿关系，只有从这两个方面来研究才能更好地揭示声调的本质。

  2. 研究北京话的发声模式具有重要意义，但现有研究远远不够。虽然北京话的发声类型没有语言学意义，但从上文开商和速度商与基频的关系我们能看出，不同的发声确实出现在基频的某一个范围内，北京语音作为普通话的标准音，对其进行全面的描写无疑具有非常重要的意义。但如何使嗓音的参数更加直观化，如何避免语音合成上"自上而下和自下而上的常识性的错误"（方特、高奋，1994）？如何使外国留学生掌握声调的本质特点，进而很快掌握它？如何为声纹鉴定提供准确的数据？这些都要基于声学上的精确描写。本书只是给出了反映上声嗓音性质的三个参数间的关系，并努力探求三个参数间的关系，以期在上声调的研究上做一些探索：一是从嗓音参数角度据实描写并分析，一是从更微观的角度来观察上声的特点，以期为以后的研究者提供一些线索和研究的思路。

  3. 嗓音特征的复杂性决定了嗓音声学分析的局限性，呼唤更加直观实用的嗓音研究方法和参数。方特、高奋（1994）在谈到嗓音源的研究时向人们展示了广阔的前景：语音合成中需要模拟各种各样的嗓音以改善音质和提高变通性；在嗓音的临床诊断和嗓音重建中，需要采用一些新的客观技术和新型的喉功能模型；在实验语音学中，需要探索各种发声方式在语言功能中的相关性；在歌唱教学中，需要知道良好的嗓音是如何构成的，怎样才能花最小的力气和紧张度产生丰满的嗓音；甚至能够用各种说话人的声源特性来研究他们的讲话风格。这一切都需要了解嗓音声源的机制和声学的基本知识，以及如何提取相关的参数。基频、开商和速度商是研究嗓音特征的比较直接的方法，但嗓音特征是各种发声器官互相作用而产生的，发声器官的精密性决定了嗓音发声机制间的复杂关系，所以如何运用声学分析的方法清晰准确地描写它进而应用到社会生活中去，是人们面临的一个非常有意义的课题。

人的嗓音应该像指纹一样具有唯一性，那么用哪些参数可以定义这种唯一性？有了参数该如何来描写？理想的状态是像基频模式研究一样，通过参数间的关系或者数值来准确确定嗓音类型，以便让嗓音研究者、医学界或者是声纹鉴定领域通过这些参数就能确定这个音是这个人的而不是那个人的。

第七章 结 论

北京话上声的本质是什么？它是否存在社会变异形式？以往研究为何在上声调值和听感模式上会产生分歧？这是本研究孜孜以求试图要解决的问题。

7.1 本研究的主要发现

本研究通过语音实验和统计分析的方法，建立了观察上声的两个视角：基于言语声学信号的基频模式和基于嗓音信号的发声模式。在基频模式方面，我们主要观察了不同社会分层上声基频的起点、拐点、终点音高及拐点的位置；在嗓音状态方面，我们主要观察了不同社会分层上声发声的低调伴随音——嘎裂声的出现情况及其社会分布和结构分布，嗓音信号的基频、开商和速度商三个物理参数之间的关系，并在此基础上归纳出上声的发声模式。

通过十四个实验，我们发现，历史文献对上声调"厉""猛烈""促""直"等的描写，和赵元任先生对北京话上声"听得出嗓子有点儿卡"的感觉，并非没有根据，目前学术界对上声调值的不同描写，也许发音者来自不同的言语社团是原因之一。而显像时间里上声的基频模式和嗓音状态可能反映着正在变化的上声调值和调型。

本研究的具体发现如下：

第一，语音声学信号基频模式的差异。

1. 年龄、性别、家庭语言背景是上声基频模式差异主要的社会影响因素。50岁是凸显年龄因素影响的分界点，以50岁为分界，年轻人起点、拐点和终点音高比年纪大的人低，拐点位置靠后；女性比男性起点高，终点低，拐点位置靠后；新北京人比老北京人起点高，终点低，拐点位置靠后。

2. 关于拐点，本研究发现：来自基频模式分析得到的结果和来自嗓音参数得到的结果是相互印证的。上声本质特征"低"在不同言语社团中有不同的实现方式，有的主要通过基频的"低"来凸显，有的则通过发声来凸显。数据显示：40~49岁是"低"拐点不同实现方式的关键年龄段，此年龄段以下的人多以嘎裂声凸显"低"拐点，此年龄段以上，人们更多采用基频的"低"来凸显拐点。40~49岁嘎裂声数量居中，如果出现嘎裂声时，开商比较低，速度商比较高。

3. 上声古来源对当代北京话上声调的影响比较微弱，主要显现在拐点位置上：来源于次清声母的上声组拐点位置明显比其他各组拐点位置靠前。这种细微的差别说明当代北京话上声调正处于渐变中。

第二，嘎裂声的分布。

1. 上声嘎裂发声的比例与年龄呈反比。年龄越小，嘎裂声越多，其中最多的在20~29岁之间；年龄越大，嘎裂声越少。嘎裂这种发声态在不同年龄言语社团中处于比较有规律的变化中。

第七章 结 论

2. 40~49年龄段是嘎裂声突降的分界线。嘎裂声的出现随着年龄增长呈逐渐减少的趋势，但是在不同年龄段内变化的速度并不一样：20~29岁和30~39岁嘎裂声多，且基本保持稳定，平均数差异不显著；50~59岁和60~69岁嘎裂声少，也基本保持稳定，平均数差异也不明显；40~49岁是一个变化比较凸显的年龄段，这可以从人体生理和社会心理两个方面得到解释。

3. 上声嘎裂发声跟性别关系密切。女性发音人的上声更容易出现嘎裂声的特征，男性发音虽低，但嘎裂声较少。这跟人的自然生理属性不尽相同：一般地讲，男性声带厚、长、松，其振动慢，频率低，易产生"低"的嘎裂声；女性声带薄、短、紧，其振动快，频率高，不易产生"低"的嘎裂声。其中原因应该从言语社团的社会属性上来解释，社会支配权力生理化为凸显"低"的嘎裂声，可能是女性嘎裂发声更多的原因。

第三，EGG信号发声参数关系。

1. 上声调的古来源对于当代北京话的嗓音没有显著影响。五组古来源上声调的基频都是呈降升趋势，女性基频高于男性；五组古来源上声调的速度商表现出一致的特点，男性表现出降升趋势，女性表现为升降，除了负载段起始位置和结束位置外，女性速度商高于男性；五组古来源上声调的开商表现出一致的特点，女性的开商表现为降升趋势，而男性开商表现出高平，除了负载段起始位置和结束位置外，女性开商低于男性。

2. 北京话上声调男女性速度商数据曲线走势与基频曲线走势表现出很大的差别。男性的速度商与基频呈正比，女性呈反比；开商走势与基频曲线走势，男性女性亦有很大的差别，男声的开商与基频呈反比，女声则正好相反。

3. 北京话上声发声模式的差异主要体现在不同的性别中。女性基频高于男性、速度商高于男性、开商低于男性；与前人研究不同，我们发现男女性嗓音上的差别不仅体现在速度商上，也体现在开商上，开商和速度商都是区别男性女性嗓音的重要参数。

7.2 有待进一步完善的地方

总的来说，以基频和嗓音两方面为视角，从社会语言学及语言学内部来探讨北京话上声的变化，我们便可以了解北京话上声发声的性质及其动态音变的全貌。限于时间，本研究在前人研究的基础上只是从语音学层面（而非音系学层面），结合音变的社会因素做了一点儿尝试，今后有待进一步完善的地方还很多。

1. 声调不仅体现为音高的变化，还涉及能反映嗓音生理特征的开商和速度商参数。本研究只是对嗓音特征的分布规律及三个嗓音参数间的关系做了初步探讨，但是如何用这三个参数及关系来定义上声的本质，是下一步我们要继续探索的内容。

2. 声调在语流中会出现各种模式的变异，这种变异有的会影响单字调的属性，值得深入研究。在今后研究中我们将在本书单字调研究的基础上，选取双字调音节进一步探讨上声调中嗓音参数间的关系。

3. 关于上声嘎裂发声，本研究只探讨了嘎裂声的分布规律，没有考察嘎裂声在声调中不同的表现，比如不同挤缩程度、在音节中的不同位置、挤缩过后的不同反弹程度等。由于嘎裂声能造成多种不同的音高和调型，对这些问题进行考察，可以为声调的演化研究提供一些有价值的线索。这也是下一步我们要努力的方向。

4. 关于嘎裂声出现的原因，是本研究今后要继续关注的问题。在年轻人、女性和新北京人言语社团中嘎裂声出现频繁，这是生理音变还是社会音变？是自身演变的结果还是由于语言接触产生的？这些问题都值得我们在今后深入研究。

5. 声调是具体言语社团所感知到的音系单位,听辨实验是支撑生理和声学研究的重要侧面。由于时间关系,只能将这方面的研究放到以后进行。

附录1: 发音表

今北京话上声来源于古全清上、次清上、全浊上、次浊上和清入五类字，因此，我们的研究材料可按此分为五类，共37个字：

（1）古全清上声字，包括（共14字）：粉，岛，等，比，好，补，短，假，走，响，底，纸，古，把；

（2）古次清上声字，包括（共6字）：讨，纺，普，口，草，楚；

（3）古全浊上声字，包括（共6字）：挺，腐，缓，很，俭，辅；

（4）古次浊上声字，包括（共7字）：老，女，马，买，五，痒，有；

（5）古清入字，包括（共4字）：笔，脚，尺，铁。

附录2: 实验发音人

表2-1 第三章、第四章、第五章发音人表

序号	编号	性别	录音时年龄	家庭语言背景	行政区
1	M1	男	20	老北京	崇文区
2	M2	男	23	老北京	崇文区
3	M3	男	23	老北京	崇文区
4	M4	男	23	新北京	东城区
5	M5	男	24	老北京	东城区
6	M6	男	25	老北京	东城区
7	M7	男	30	老北京	西城区
8	M8	男	31	老北京	东城区
9	M9	男	41	老北京	东城区
10	M10	男	51	老北京	宣武区

续表

序号	编号	性别	录音时年龄	家庭语言背景	行政区
11	M11	男	58	老北京	东城区
12	M12	男	59	新北京	西城区
13	M13	男	60	老北京	东城区
14	M14	男	61	新北京	东城区
15	M15	男	62	老北京	宣武区
16	M16	男	64	老北京	宣武区
17	M17	男	67	新北京	宣武区
18	W1	女	21	新北京	西城区
19	W2	女	22	新北京	西城区
20	W3	女	23	新北京	西城区
21	W4	女	26	新北京	东城区
22	W5	女	28	老北京	东城区
23	W6	女	39	老北京	东城区
24	W7	女	40	新北京	东城区
25	W8	女	44	新北京	崇文区
26	W9	女	48	新北京	宣武区
27	W10	女	52	老北京	东城区
28	W11	女	52	新北京	东城区
29	W12	女	55	老北京	东城区
30	W13	女	59	新北京	宣武区
31	W14	女	60	老北京	东城区
32	W15	女	61	新北京	东城区

注：第三章和第四章发音人共31名，不包括M4。

表2-2 第六章发音人表

序号	编号	性别	录音时年龄	家庭语言背景	行政区
1	M18	男	67	老北京	西城区
2	M19	男	51	老北京	东城区
3	M20	男	49	老北京	东城区
4	M21	男	37	新北京	西城区
5	M22	男	31	老北京	东城区
6	W16	女	52	老北京	东城区
7	W17	女	59	老北京	西城区
8	W18	女	22	老北京	东城区
9	W19	女	23	老北京	宣武区
10	W20	女	40	老北京	宣武区

附录3: 嘎裂声示例

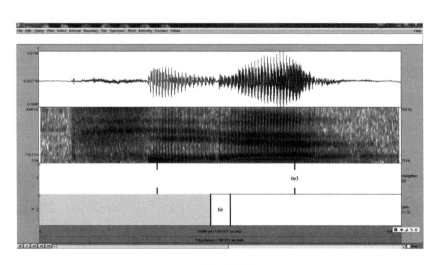

M8发的"铁"

附录3：嘎裂声示例

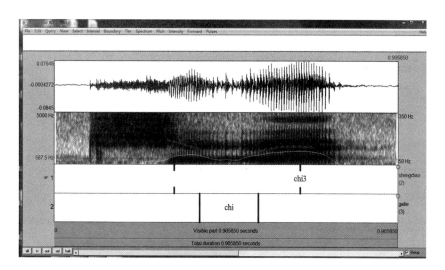

W2发的"尺"

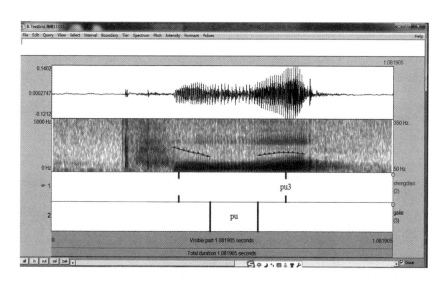

W2发的"普"

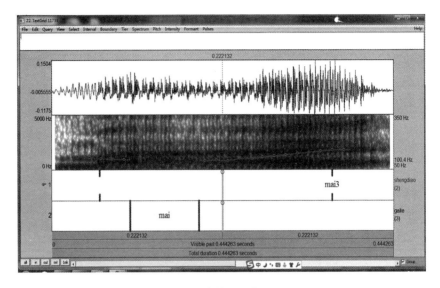

M14发的"买"

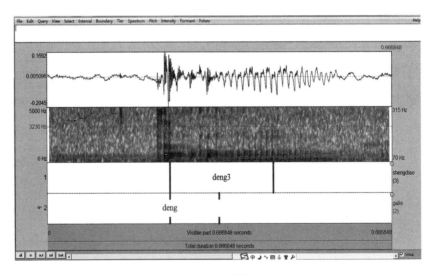

M3发的"等"

附录 3: 嘎裂声示例

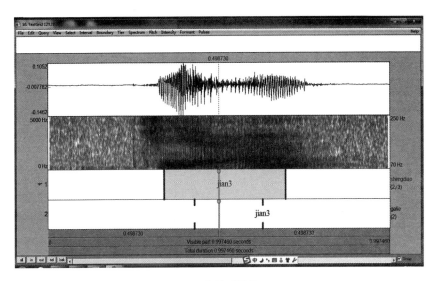

W12发的"俭"

参考文献

白涤洲．1934．北京语声调及变化．未刊//罗常培，王均．1981．《普通语音学纲要》[M]．北京：商务印书馆：125-127．

北京大学中国语言文学系现代汉语教研室．1993．现代汉语[M]．北京：商务印书馆．

北京市统计局，国家统计局北京调查总队．2012．2011年北京市常住人口变动特点及增长因素分析．第23号文件．

彼得·赖福吉．2011．语音学教程[M]．张维佳，译．北京：北京大学出版社．

曹文．2002．汉语语音教程[M]．北京：北京语言文化大学出版社．

曹文．2010．汉语平调的声调感知研究[J]．中国语文（6）：536-543，576．

丁琳．2005．姜堰方言声调实验研究[D]．南京：南京师范大学．

G．方特，J．高奋．1994．言语科学与言语技术[M]．北京：商务印书馆．

参考文献

国家语委普通话培训测试中心，中华人民共和国教育部语言文字应用管理司．2004．普通话水平测试实施纲要[M]．北京：商务印书馆．

韩德民．2007．嗓音医学[M]．北京：人民卫生出版社．

胡明扬．1987．北京话社会调查[A]//胡明扬．胡明扬语言学论文集[C]．北京：商务印书馆：11．

胡裕树，许宝华．1981．现代汉语[M]．上海：上海教育出版社．

黄伯荣，廖序东．1981．现代汉语（第2版）[M]．兰州：甘肃人民出版社．

黄飞．2010．北京市2010—2020年户籍人口变动对就业的影响研究[J]．人口与经济（S1）：13-14．

吉永郁代．2012．能剧嗓音发声研究——兼论汉传、藏传佛教诵经的嗓音特征[D]．北京：北京大学．

江荻．1998．论声调的起源和声调的发生机制[J]．民族语文（05）：11-23．

金立鑫，白水振．2011．普通话声调调型的本质及拼音简写规则策略[J]．同济大学学报（社会科学版）22（04）：79-84．

孔江平．2001．论语言发声[M]．北京：中央民族大学出版社．

孔江平．2003．嗓音发声类型的声学性质及参数合成[A]//第六届全国人机语音通讯学术会议论文集[C]．天津：64-69．

李晟熹，李爱军．2008．韩国学生普通话上声的实验语音学研究——兼谈上声的辅助特征"creaky voice"[A]//第八届中国语音学学术会议暨庆贺吴宗济先生百岁华诞语音科学前沿问题国际研讨会论文集[C]．北京：562-569．

李立宁．2012．钟山方言声调发声模式的研究[D]．桂林：广西师范大学．

李倩，曹文．2007．日本学生汉语单字调的阳平与上声[A]//第九届全国人机语音通讯学术会议论文集[C]．安徽：308-311．

李如龙．1996．方言与音韵论集[M]．香港：香港中文大学中国文化研究所．

李泽卿．2014．母语为英语的汉语学习者上声特征的感知研究[D]．北京：北京语言大学．

林茂灿．1988．普通话声调的声学特性和知觉征兆[J]．中国语文（1-6）：182-194．

林茂灿．1995．北京话声调分布区的知觉研究[J]．声学学报（06）：437-445．

林茂灿．1996．普通话两音节间F0过渡及其感知[J]．中国社会科学（04）：159-174．

林焘．1987．北京官话溯源[J]．中国语文（3）：161-169．

凌锋，王理嘉．2003．普通话上声深层形式和表层形式[A]//第六届全国现代语音学学术会议论文集[C]．天津：413-416．

刘川平．1996．普通话上声本质的再认识[J]．外语与外语教学（06）：60-63．

刘复．1951．四声实验录（再版）[M]．上海：中华书局．

罗常培．1933．释内外转[J]．"中研院"历史语言研究所集刊（2）：209-226．

马学良，罗季光，傅懋勣，等．1956．语言调查常识[M]．北京：中华书局．

麦耘．2009．广西藤县岭景方言的去声嘎裂声中折调[A]//现代语音前沿文集[C]，北京：商务印书馆：57-62．

麦耘．2011．从广西钟山清塘壮语第六调看嘎裂声[J]．民族语文（01）：20-26．

彭建国，朱晓农．2010．岳阳话中的假声[J]．当代语言学12（01）：24-32．

钱一凡，孔江平．2007．民歌男高音嗓音研究初探[A]// 第九届全国人机语音通讯学术会议论文集[C]．安徽：512-516

任洁．2012．基于EGG的广州、绩溪、西安方言声调实验研究[D]．南京：南京师范大学．

沈炯．1998．汉语语调分类和标记方法试说[J]．语言文字应用（01）：104-106．

沈晓楠．1990．普通话上声教学的探讨[A]//第三届国际汉语教学讨论会论文选[C]．世界汉语教学学会，北京：北京语言学院出版社：181-187．

石锋．1986．天津方言双字组声调分析[J]．语言研究（01）：77-90．

石锋．1990．语音学探微[M]．北京：北京大学出版社．

石锋．1991．北京话的声调格局[J]．语言研究（增刊）．收入《语音丛稿》[M]．北京：北京语言学院出版社，1994．

石锋．1992．吴江方言声调格局的分析[J]．方言（03）：189-194．

石锋，廖荣蓉．1994．语音丛稿[M]．北京：北京语言学院出版社．

石锋，王萍．2006a．北京话单字音声调的统计分析[J]．中国语文（1）：33-40．

石锋，王萍．2006 b．北京话单字音声调的分组统计分析[J]．当代语言学8（4）：324-333．

宋欣桥．2000．普通话水平测试员实用手册[G]．北京：商务印书馆．

王力．1979．现代汉语语音分析中的几个问题[J]．中国语文（1-6）：281-287．

王韫佳，李美京．2010．调型和调阶对阳平和上声知觉的作用[J]．心理学报42（9）：899-908．

王韫佳，李美京．2011．韩语母语者对普通话阳平和上声的知觉[J]．语言教学与研究（1）：17-25．

王韫佳，覃夕航．2012．再论普通话阳平和上声的感知[A]．第十届中国语音学学术会议（PCC2012）[C]．上海：330-335．

韦丽平．2012．上声的特征——从感知角度进行的实验研究[D]．北京：北京语言大学．

邢福义，颜逸明．1991．现代汉语[M]．北京：高等教育出版社．

杨洪荣．2008．普通话声调的实验研究[A]//第八届中国语音学学术会议暨庆贺吴宗济先生百岁华诞语音科学前沿问题国际研讨会论文集[C]．北京：1016-1020．

杨若晓．2009．基于发声的汉语普通话四声的范畴感知研究[D]．北京：北京大学．

尹基德．2010．汉语韵律的嗓音发声研究[D]．北京：北京大学．

尹基德，吉永郁代．2008．喉头仪[A]//语音乐律研究报告（2008）[C]．北京：北京大学中文系语言学实验室：54-59．

张炎．2010．语言变异建构社会身份——以"文革英语"建构高校英语教师身份为例[D]．长春：吉林大学．

赵蓉晖．2003．语言与性别：口语的社会语言学研究[M]．上海：上海外语教育出版社．

赵元任．1922．中国言语字调底实验研究法．科学（9）：871-883．

赵元任．1932．英语语调（附美语变体）与汉语对应语调初探[A]//吴宗济，赵新那．2002．赵元任语言学论文选[C]．北京：商务印书馆：718-733．

赵元任．1933．汉语的字调跟语调[A]//吴宗济，赵新那．2002．赵元任语言学论文选[C]．北京：商务印书馆：734-749．

赵元任．1979．汉语口语语法[M]．吕叔湘，译．北京：商务印书馆．

赵元任．1980．语言问题[M]．北京：商务印书馆．

郑张尚芳．2003．上古音系[M]．上海：上海教育出版社．

周小燕．2014．北京话生态研究[D]．北京：北京语言大学．

朱晓农．2004a．基频归一化——如何处理声调的随机差异[J]．语言科学（9）：3-19．

朱晓农．2004b．浙江台州方言中的嘎裂声中折调[J]．方言（3）：226-230．

朱晓农．2005．上海声调实验录[M]．上海：上海教育出版社．

朱晓农．2009．发声态的语言学功能[J]．语言研究（3）：1-19．

朱晓农．2010．语音学[M]．北京：商务印书馆．

朱晓农．2015．《世界语音》译序[A] //张维佳，田飞洋，译．世界语音[M]．北京：商务印书馆．

朱晓农，寸熙．2003．韶关话的小称调和嘎裂[A] //戴昭铭．汉语方言语法研究和探索[C]．哈尔滨：黑龙江人民出版社：358-366．

朱晓农，杨建芬．2010．嘎裂声作为低调特征：河北省方言的声调考察[J]．语言研究集刊（2010）：134-147．

朱晓农，章婷，衣莉．2012．凹调的种类——兼论北京话上声的音节学性质[J]．中国语文（5）：420-436．

祝畹瑾．1992．社会语言学概论[M]．长沙：湖南教育出版社．

Bradley, C. 1915. The Tone-accents of Two Chinese Dialects[J]. Journal of the American Oriental Society (35): 199-206.

Catford, J. C. 1964. Phonation Types[M]. London: Longmans.

Catford, J. C. 1977. Fundamental Problems in Phonetics[M]. Edinburgh: Edinburgh University Press.

Cao, R., P. Sarmah. 2007. A Perception Study on the Third Tone in Mandarin Chinese[J]. UTA Working Papers in Linguistics, 2006-2007.

Fant, G. 1960. Acoustic Theory of Speech Production[M]. Netherlands: Mouton & Co. N. V., The Hague.

Hockett, C. F. 1958. A Course in Modern Linguistics[J]. Language Learning (8): 3-4, 73-75.

Howie, M.J. 1976. Acoustical Studies of Mandarin Vowels and Tones[M]. New York: Cambridge University.

Keating, P. A., C. Esposito. 2006. Linguistic Voice Quality[A/OL]. The 11th Australasian International Conference on Speech Science and Technology[C/OL]. [访问日期: 2015-03-02]http://www.linguistics.ucla.edu/people/keating/keating.htm.

Kong, J. 2007. Laryngeal Dynamics and Physiological Models: High Speed Imaging and Acoustical Techniques(1st edition) [M]. Beijing: Peking University Press.

Ladefoged P. 2006. A Course in Phonetics (5th edition) [M]. Boston: Thomson Wadsworth.

Ladefoged P., Maddieson I. 1996. The Sounds of the World's Languages[M]. Oxford: Blackwell.

Laver, J. 1980. The Phonetic Description of Voice Quality[M]. Cambridge: Cambridge University Press.

Liu, J. 2004. Perceiving the Boundary Between the Lexical Rising Tone and the Falling-rising Tone[A]//Shi Feng, Shen Zhongwei. The Joy of Research: A Festschrift in Honor of Professor William S. - Y. Wangon His Seventieth Birthday[C]. Tianjin: Nankai University Press: 222-233.

McClelland, J. L, Elman, J. L.1986.The Trace Model of Speech Perception[J]. Cognitive Psychology18(1): 1-86.

Peng, G., W. S. Wang. 2004. An Innovative Prosody Modeling Method for Chinese Speech Recognition[J]. International Journal of Speech Technology (7): 2-3, 129-140.

Shen, X. S., M. Lin. 1991. A Perceptual Study of Mandarin Tones 2 and 3[J]. Language and Speech 34(2): 145-156.

William Labov. 2007. Principles of Linguistic Change: Internal Factors[M]. Beijing: Peking University Press.

后 记

又是杨絮飞舞的时节，5年前，也是这个季节，我顺利博士毕业，5年后，我的博士论文几经修改，最终成书。即将付梓之际，想起给予我帮助、指导、关心的老师、朋友和亲人们，心中的感激溢于言表。

首先要感谢我的恩师张维佳先生。不仅我的整部论文的撰写倾注了张老师的心血，他对学术研究的浓厚兴趣和执着追求也感染着我。博士入学的第一年，在和张老师谈及我希望做北京话研究时，他鼓励我拓展这块研究领域，建议我阅读社会语言学、实验语音学等方面的专著和文章。这些材料大大扩展了我的视野，并最终帮助我确定了论文选题。论文写作过程中，最困难、花费时间最多的是语料的采集、处理和分析。写作之初，我只是想对当代北京话上声调进行实验语音学的声学分析，所以语料只局限在实验室里进行搜集。语料收集、分析过程中，我迫切地感觉加入社会语言学的视角可以更好地反映当代北京话上声调的变化，于是调整了语料搜集的方式。我背上录音设备走到典型的北京人聚居的胡同，进行田野调查式的录音和访谈。这个过程从2009年开始，一直持续到了2013年，其间随着论文写作思路的变化，语料搜集和处理方案几度调整。由于我是在职学习，语料搜集只能利用下班时间和寒暑假进行，语料处理过程琐碎而沉闷，甚至曾经想过放弃写作。是张老师一直给我鼓励和悉心指导，师母张干萍女士给予了我许多生活上的关心和帮助，使得论文得以最终完成。

感谢孔江平先生、江荻先生、华学诚先生、张猛先生、冯蒸先生、石锋先生、张博先生、崔健先生、王立军先生、丁崇明先生、黄树先先生在百忙之中参与了我的开题或答辩，并给出了最为宝贵的建议和指点。感谢孔江平先生让我去北京大学中文系旁听他的"现代语音学理论与方法"课程，使我了解了关于声调的前沿研究。这门课及课后与孔先生的讨论，给了我巨大的启发。孔江平先生还在资源有限的情况下慷慨地借给我喉头仪，为我的语料采集提供了必不可少的物质支持。

由于喉头仪的特点所致，信号的处理需要大量的时间。我要特别感谢张劲松先生和他的硕士生林举同学。在我撰写论文的过程中，他们在语料的处理和分析上给了我很大的帮助，让我少走了很多弯路。还要感谢北京大学张锐锋博士、姚云博士、曹洪林博士在喉头仪使用和信号处理上给我的帮助。感谢冯艳宾、郝美玲两位老师给予我统计学上的帮助。

感谢我的师弟师妹，是他们在我的论文写作中，给了我最热心最无私的帮助；也感谢我的同事们，没有他们的鼓励与支持，我很难完成论文的写作。

感谢所有参加实验的发音人，没有他们就没有我的实验，没有我的论文。

感谢我的家人。母亲已经79岁高龄，是她一直教育我要做一个正直、勤奋，有爱心、懂感恩的人，她的陪伴让我心里安定而充满力量；感谢我的先生，多年来，是他与我相濡以沫，默默地支持我鼓励我；感谢我的一双儿女，他们给我带来生命和生活的喜悦，成为我生活和学习的重要动力。

感谢北京大学出版社宋立文老师的修改建议和辛勤劳动，感谢他一直以来对我的帮助和鼓励。感谢北京语言大学出版基金青年学者文库和中央高校基本科研业务费专项资金（15YBB30）的支持，使得本书得以出版。

生命是一个感恩的过程，我将带着这颗感恩的心，继续前行！

刘志敬

2020年4月